KB131275

이익에게 관용을 배우다

국립중앙도서관 출판시도서목록(CIP)

이익에게 관용을 배우다 / 지은이: 설흔. — 고양 : 위즈덤
하우스 미디어그룹, 2018
  p. ;   cm

"성호 이익 연보" 수록
ISBN 979-11-89709-04-4 03910 : ₩14000

관용(용납)[寬容]

151.581-KDC6
181.119-DDC23   CIP2018039145

이익에게 관용을 배우다

초판 1쇄 인쇄 2018년 12월 5일
초판 1쇄 발행 2018년 12월 20일

지은이 설흔 **펴낸이** 연준혁

출판1본부 이사 김은주
출판4분사 분사장 김남철
편집 오민정 **디자인** 조은덕

펴낸곳 (주)위즈덤하우스미디어그룹
출판등록 2000년 5월 23일 제13-1071호
주소 경기도 고양시 일산동구 정발산로 43-20 센트럴프라자 6층
전화 031-936-4000 **팩스** 031-936-3891
홈페이지 www.wisdomhouse.co.kr

값 14,000원 ⓒ 설흔, 2018
ISBN 979-11-89709-04-4 03910

이익에게
관용을
배우다

설흔 지음

위즈덤하우스

일러두기

• 이 글을 쓰기 위해 《성호사설》, 《성호전집》, 《성호선생언행록》, 《순암집》, 《낙하생집》을 참조했다. 실시
학사에서 편한 《성호 이익 연구》, 강명관 선생의 《성호, 세상을 논하다》, 윤재환 선생의 《매산 이하진의
삶과 문학 그리고 성호학의 형성》, 원재린 선생의 《조선후기 성호학파의 학풍 연구》, 김대중 선생이 편
역한 《나는 모든 것을 알고 싶다》 같은 책들이 없었다면 이 글을 완성하기는 어려웠을 것임을 밝힌다.

• 필요에 따라 해석을 원문과 다르게 하거나 부분적으로 수정했다. 이 글은 논픽션이 아니므로 이익의 행
적은 실제와 일치하지 않을 수도 있다.

• 인명을 포함한 외국어표기는 국립국어원 외국어표기법과 용례에 따라 표기했으며 최초 1회 병기를 원
칙으로 했다.

• 본문에 전집이나 총서, 단행본 등은 《 》로, 개별 작품이나 편명 등은 〈 〉로 표기했다.

차례

제1장

소박한
삶의
즐거움

1

팔십 노인에게 젊은 벗의 벼락같은 방문보다 더 기쁜 일이 또 어디 있겠습니까?

그대가 찾아왔을 때 나는 성인의 서늘한 책을 펼쳐놓고 서안 앞에 앉아 있었습니다. 만월처럼 동그란 안경을 쓰고 의자에 비스듬히 등을 기댄 채 냉담한 경서의 세계에서 무심히 노닐고 있었습니다. 그대의 부드러우면서도 가끔씩 튀어나오는 새된 목소리가 나를 현실로 이끌었습니다. 겉은 차가워도 속내는 지극히 따뜻한 경서의 정원에서 유유자적하던 나를 단번에 현실로 소환했습니다.

나는 구환九煥이 돌아온 줄 알았습니다. 과거 공부에 열중하기 위해 산사로 떠났던 내 손자 구환이 집이 그리워 발걸음을 되돌린 줄 알았습니다. 어쭙잖은 기대는 곧바로 허물어졌습니다. 구환이었다면 벌써 방으로 들어서 환한 웃음을 보였겠지 마당에 서서 하인과 길게 이야기를 나누지는 않았겠지요. 잠시나마 설렜던 가슴을 진정시키곤 하인에게 자신을 소개하는 그대의 목소리에 귀를 기울였습니다. 자세히 들으니 구환과는 많이 달랐습니다. 높낮이와 진폭이 구환과는 딴판이었습니다. 그다음 일은 그대도 잘 기억하겠지요. 내 어리석었던 오해를 무마하기 위해 나는 방문을 활짝 열어 그대를 환영했습니다. 노인의 경망스러운 환대에 그대의 검은 눈동자가 초점을 잃고 1~2초간 흔들렸던 사실을 나는 얼마 남지 않은 생의 나날들 동안 하루도 빼먹지 않고 떠올릴 것입니다!

그대와 나는 묵직하고 두툼한 구름 때문에 온종일 흐릿했던 날이 조금씩 어둑해지고 마침내 깜깜해졌다가 검은 먹물이 낡은 천에서 느릿느릿 빠져나가듯 슬며시 밝아져 이윽고 고운 부슬비 내리는 아침이 될 때까지 쉬지 않고 긴 이야기를 나누었습니다. 함께 저녁을 먹고 아침을 먹으며 학술과 도의와 정치를, 과거와 현재와 미래를, 생물과 사물을, 시간과 공간을, 젊음과 늙음을 종횡무진 논했습니다. 밤을 온전히 새운 건 실로 오래간만의 일이었습니다. 그럼에도 기력이 남아 있었던 건 생애 내내 강건한 편은 아니었던 나로선 거의 처음 있는 일이었습니다. 과장을 잔뜩 보태어 말하자면 그대의 나이 즈음으로 돌아갔다고나 할까요? 아니, 기왕 부풀린 김에 하룻밤 동안 아예 그대 자체로 바뀌었다고 말하는 게 옳겠습니다. 그대의 푸르른 눈가를 웃음 띤 얼굴로 바라보다가 낡은 《시경詩經》의 구절을 입에 담은 이유입니다.

> 몰아치는 비바람에 세상은 아예 검은데
> 닭 우는 소리는 그치지 않는다.

　그대는 뒷덜미를 얻어맞은 사람처럼 갑자기 고개를 크게 끄덕이더니 허리를 깊숙이 숙여 절을 했습니다. 무지의 비늘로 덮여 있는 자신에게 어두운 세상을 살아갈 빛나는 지혜를 전수해준 것에 대해 진심으로 감사를 표했습니다. 그대가 엎드려 절을 하느라 내 얼굴을 보지 못한 것이 다행이었습니다. 고백하겠습니다. 나는 그대에게 그런 심오한 지혜를 선사하려던 게 아니었습니다. 마음속에서 솟아난 뿌듯한 흥취와 하늘에서 내리는 안개 같은 무거운 비가 마음을 자꾸만 톡톡 건드려 그 구절을 떠올리게 만들었고, 어느 시점부터인가 기쁨 반 피로 반으로 공기처럼 한없이 가벼워져서 그저 삶은 계란처럼 머리에 쑥 떠오른 구절을 여과 없이 느슨하게 입에 담았던 것뿐이었지요. 의도하지도 않았던 과도한 찬사에 얼굴이 잔뜩 붉어진 나는 팔십 노인 나이에 어울리는 결심을 했습니다. 그대가 처음에는 몹시 놀랐으나 이내 고개를 끄덕이고 수긍한 그 결심을 바로 그 순간에, 거의 즉흥적으로 했다는 말입니다.

정중하게 하직 인사를 건네는 그대에게 나는 내 결심을 알렸습니다. 나는 그대를 다시는 만나지 않겠다고 했습니다. 이 만남이 그대와 나의 처음이자 마지막 만남이 될 거라고 단단히 못을 박았습니다. 그대가 다른 생각을 하지 않도록 신속하게 다음 말을 아교 풀로 이어붙였습니다.

"퇴계退溪 선생께서는 이렇게 말씀하셨네. 꼭 해야 한다고 결심한 말이 있었는데 막상 그 사람을 만나면 말이 제대로 나오지 않는다고. 말이란 실은 그렇듯 부족한 것이라고. 이 말씀의 뜻을 그대는 알겠는가?"

문학에도 밝은 그대는 두보杜甫의 시 〈춘망春望〉을 당연히 알고 있을 것입니다. 가족의 편지는 만금과도 같다는, 여리고 곧은 대나무처럼 눈이 부시도록 아름다워서 더욱 쓸쓸한 시구도 물론 기억할 것입니다. 가족의 편지도 그러한데 벗이 공들여 쓴 문장은 또 어떻겠습니까?

오늘 나는 그대의 편지를 받았습니다. 편지에 적힌 문장 한 줄을 보고 나도 모르게 웃음을 머금었습니다.

말, 내뱉기는 쉬우나 흔적이 남지 않는 게 병통이지요.

그 한 줄로 퇴계를 인용해 전한 내 마음을 그대가 완벽하게 이해했음을 깨달았습니다. 우리의 아름다운 도는 아니지만 저 불가에서 말하는 이심전심, 혹은 염화시중 같은 꼿꼿하면서도 향기로운 성어가 딱 들어맞는 순간이었지요. 나는 이해와 공감을 그 무엇보다도 중시하니 새로 말을 만들기보다는 그대의 말을 조금 비틀어 답을 내놓겠습니다.

편지, 쓰기는 어려우나 곁에 늘 남아 있는 게 아름다운 장처입니다.

팔십 노인은 믿습니다. 그대와 나누는 새봄 같은 어린 우정이 얼굴 마주 보며 나누는 말이 아니라 주고받는 편지를 통해 더 깊어지고 커지리라는 것을 말입니다. 그렇기에 헤어진 뒤에 더 생각이 통한다는 옛말이 아직도 전해 내려오고 있는 것이겠지요.

기운 닿는 대로 편지를 쓰려 합니다. 생각과 기력이 모두 부족하고 짧은 탓에 어쩌면 말보다 더 부실할 가능성이 십중팔구이겠지만 그래도 온 힘을 다해 글을 적어보려 합니다. 어린아이가 글씨 연습하듯 쉬지 않고 쓰다 보면 그중 한두 줄은 곁에 놓아두고 음미할 만한 구절이 나오지 않을까 합니다.

부디 그대는 그 한두 줄만 취하고 나머지 오합지졸의 병졸들은 모두 잊어주십시오!

2

그대는 궁금하기도 했을 것입니다. 사람 사귀는 데에 있어 유별나지는 않아도 은근히 까다롭다고 알려진 내가 그대와의 교우를 미리 정해진 운명처럼 담담하게 아니, 가을날 피어난 뜻밖의 장미처럼 놀라움을 숨기지 않으면서도 이상하다 괴이하다 내치지 않고 두 손 뻗어 반갑게 받아들인 이유를 말이지요. 젊은 벗 치고는 드물게 제대로 갖춘 예의와 진중한 언어 때문이라고 생각할 수도 있겠습니다. 그대의 예의와 언어에 감탄한 건 사실입니다. 예의와 언어야말로 만사의 기본이자 관계를 시작하는 소중한 도구이니까요. 그대의 진심 어린 반성과 사죄 때문이라고 생각할 수도 있겠습니다. 그대가 속한 당의 일부 소인들이 저지른 잘못을 자신의 것으로 인정하는 태도에 깊이 감명을 받은 건 사실입니다. 하지만 그대를 벗으로 받아들여야겠다고 마음을 먹게 된 결정적인 계기는 따로 있습니다. 그건 바로 박국, 어린 박을 먹기 좋은 크기로 썰어 넣어 끓인 맑은 장국 한 그릇 때문이었지요!

우리가 처음이자 마지막으로 만났던 날─아마도 이 사실은 결코 번복되지 않겠지요─나는 그대에게 소박한 식사를 대접했습니다. 절반만 담은 거친 밥과 박국, 나박김치와 새우젓이 전부인 상을 진수성찬인 양 태연히 차려놓았습니다. 예의 바른 그대의 거듭되는 권유를 받아들여 먼저 숟가락을 들었지만 나는 노인 특유의 음흉함으로 그대가 먹는 모습을 몰래 하나도 빼놓지 않고 다 지켜보았습니다. 박국을 제일 먼저 입에 넣은 그대의 얼굴이 찌푸려지기에 '역시 그렇구나' 하고 담담하게 받아들였습니다. 그대의 가문이 서울에서도 소문난 경화세족京華世族의 일원이라는 사실은 세상 소문에 삐딱하게 등 돌린 나조차도 알고 있는 사실이었으니까요. 미식가로 소문이 났던 그 옛날의 교산 허균許筠까지는 아니더라도 산과 바다에서 나는 제철 진미에 꽤나 익숙할 그대에게 다른 재료는 하나도 없이 된장에 소금만 잔뜩─네, 말 그대로 '잔뜩'이지요─넣고 끓인 박국은 입에 넣기에도 민망한 음식이었을 겁니다. 그대의 반응을 살펴본 나는 이렇게 말했지요.

"집안 형편이 넉넉지 않아 음식이 변변치 않네. 예전에 우리 집을 찾던 손님 중엔 견디다 못해 반찬을 가져와서 먹은 이까지 있었다네."

입맛에 맞지도 않는 음식을 고생해가며 먹을 필요는 없다는 뜻이었습니다. 결례로 받아들이지는 않을 테니 고민하지 말라는 뜻이었지요. 내 말에 그대는 동문서답으로 반격했습니다.

"음식이 지나치게 짜면 아무래도 덜 먹게 되는 법이지요. 선생께서는 소금 한 줌으로 절약의 도를 알려주시는군요."

그때는 허허 웃고 말았습니다만 지금 고백하겠습니다. 나이답지 않은 매서운 주먹이었습니다. 살과 뼈를 통과해 뼛속의 골수를 곧바로 치고 들어온 날카로운 주먹이었지요. 그대의 당색이 '고루한 원칙 준수하기'를 장기로 삼는 서인임에도 굳이 한적한 시골에 사는 다른 당색의 노인을 반성과 사죄라는 매서우나 적절한 무기까지 동원해 찾아온 이유를 비로소 깨달았습니다. 기분이 좋아진 나는 얼얼한 골수며 매섭고 날카로운 주먹 따위는 깨끗이 잊고 이렇게 대꾸했지요.

"나물을 먹을 수만 있다면 못할 일이 없는 법이지."

우리의 대화는 곧바로 다른 주제로 옮겨갔기에 음식에 대해서는 더 말할 시간이 없었습니다. 그날 미처 다 하지 못한 말을 이 편지에 적어보겠습니다.

"우리의 일상에서 먹는 일보다 더 중요한 일은 없는 법이네. 사욕을 이기는 공부는 먹는 일에서부터 시작해야 하는 법, 소박한 음식을 먹는 일에 익숙해지면 그대라는 사람 자체가 변하게 되네. 무슨 말이냐 하면 음식에서 얻은 소박함을 어느덧 본성처럼 편안하게 느끼는 전혀 새로운 자신을 발견하게 될 거라는 뜻이지."

고작 박국 때문이라니, 오랜 세월 수련했던 예의와 언어, 반성과 사죄의 정신을 강건한 몸의 부속처럼 잘 갖춘 그대로서는 서운할 수도 있겠습니다. 하지만 '고작 박국'은 아닙니다. '고작 박국' 한 그릇이 때로는 사람의 삶을 완전히 바꿔놓기도 하니까요.

만고의 성현 주희朱熹 선생의 사례가 적절할 듯합니다. 주 선생은 자신을 찾아오는 사람들에게 거친 밥을 대접했습니다. 인심이 각박해서가 아니었습니다. 살림은 빈한했는데 찾아오는 이들은 여름날 소나기가 지난 뒤 자라난 들풀처럼 많고도 많았으니까요. 사람들의 반응은 가지각색이었습니다. 즐겁게 먹는 이도 있었고, 무심히 숟가락을 움직이는 이도 있었고, 괴로움을 억지로 견디는 이도 있었습니다. 호굉胡宏이라는 자의 반응은 또 달라서 그는 즉각적으로 증오를 드러냈습니다.

'고작 거친 밥 한 그릇이라니, 주희는 인정을 모르는 자다. 아무리 가난하다고 해도 어찌 선비의 집에 한 마리의 닭과 한 동이의 술이 없겠는가.'

평생 가난을 몰랐던 호굉은 거친 밥을 자신에 대한 모욕으로 받아들였습니다. 이후 호굉의 나날들은 온통 주 선생을 공격하는 것으로 채워졌습니다. 호굉의 집요한 공격은 뜻밖에도 큰 성공을 거두었습니다. 아마도 거친 밥에 치를 떨었던 이들이 생각보다 훨씬 많았던 모양입니다. 하루아침에 인정머리 없는 위학자로 낙인찍힌 주 선생의 집은 절간처럼 한적해졌습니다. 어제까지 주 선생을 학문의 신처럼 추앙하고 흠모하던 이들은 나쁜 꿈에서 깨어나기라도 한듯 치를 떨곤 아예 안면을 몰수했습니다. 그들을 욕해서는 안 되겠지요. 그들의 생각은 특성 없는 얼굴처럼 단순했습니다. 거친 밥 한 그릇에 자신의 목숨을 담보로 맡길 수는 없었으니까요. 주 선생의 학문이 정학으로 인정받기까지 꽤 오랜 세월이 걸렸다는 건 그대 또한 잘 알 것입니다. 그 길고 길었던 고난이 고작 거친 밥 한 그릇 때문이었다니 참으로 믿기 어려운 사실이지요? 우리가 사는 세상은 때론 호랑이 발톱보다 몇백 배는 더 난폭하답니다.

3

감히 이렇게 말하고 싶습니다. 나라를 위하는 것은 실은 밥 한 그릇에서부터 시작된다고 말입니다. 내가 사는 모습을 그대의 두 눈으로 직접 확인했으니 잘 알겠지요. 그래요, 나는 가난한 선비입니다. 가난하다는 것은 재물이 없다는 뜻입니다. 먹을 곡식조차 충분하지 않다는 뜻입니다. 이참에 선비의 정의도 새로 내리겠습니다. 선비는 세상에 유용한 물건은 전혀 만들어내지 못하는 무용한 사람이라는 뜻입니다.

지나치게 가혹한 평가라고요? 겸양이 지나치다고요? 아닙니다. 진심입니다. 겸양이 아니라 사실입니다. 물론 옛날 군자라고 불리던 이들은 그렇지 않았지요. 그들은 세상에 유익한 도를 논하고 실천하느라 하루를 바삐 보냈습니다. 도를 창안해내고 유통시킨 그들의 공로는 곡식을 생산하는 농부의 수고와 하등 다를 바가 없지요. 그들은 분명 세상을 바꿀 만한 무언가를 확실히 만들어냈습니다! 도는 추상이 아니라 구체입니다!

요즈음의 선비는 그렇지 않습니다. 글을 읽는답시고 하루 종일 엉덩이를 바닥에 붙이고 앉아 끙끙거리지만 세상은커녕 자기 집 안이나 자기 자신도 바꾸지 못하고 있습니다. 선비가 되어 세상에 유익을 전혀 주지 못하니 짐승만도 못한 존재, 아니 한 마리 좀보다도 못한 부끄러운 존재일 뿐입니다. 그러니 가난한 선비인 내가, 스스로 부끄러운 사람인 줄 잘 아는 내가 취할 방법은 오직 하나뿐입니다. 내 입으로 들어가는 밥 한 그릇의 양을 줄이는 것, 오직 그 하나뿐입니다. 이제 그대는 확실히 이해했겠지요. 그대에게 대접한 거친 밥이 한 공기가 아닌 반 공기였던 이유를 말입니다.

요즈음 나는 하루에 한 끼만 먹고 지냅니다. 아주 가끔은 아예 아무것도 먹지 않습니다. 그래도 몸에 이상이 없느냐고 묻고 싶겠지요? 전혀 없습니다. 더부룩하던 속도 맑아지고 한두 끼 굶었다 먹는 거친 밥은 신통하게도 맛이 완전히 변하여 하늘에서 내려온 산해진미처럼 느껴지니 그야말로 일석이조입니다. 더 놀라운 일도 가능합니다. 한 사람이 한 끼에 한 홉씩을 덜 먹는다면 한 고을만 계산해도 대략 쌀 2,000말을 절약할 수 있게 됩니다. 나라 전체로 보면 그 숫자는 더욱 커지겠지요, 어린아이의 작고 좁은 머리로는 계산하기도 어려울 정도로요. 이렇게 되면 먹지 못해 굶어 죽는 불

쌍한 백성은 이 나라에 단 한 명도 없게 될 것입니다!

그런데 우리의 현실은 어떤가요? 요즈음 사람들은 아침 일찍 일어나서는 조반이라 부르는 흰죽을 먹어야 비로소 하루가 시작된 것으로 여기며, 한낮에는 점심을 먹어야 오후를 견딜 수 있다고 생각합니다. 하루 두 끼만 먹던 고유의 풍속은 아예 사라질 지경인 것이지요. 듣자 하니 부유한 집에서는 하루 일곱 끼까지도 먹는다고 하더군요. 먹다 남은 술과 고기로 하늘까지 닿는 높다란 탑을 쌓을 수도 있다고 합니다. 얇은 담벼락 밖에는 굶주려 떠돌다 생을 마감한 자들이 허다한 판입니다. 담장 안팎의 풍경이 이렇듯 다르니 이 어찌 제대로 된 세상이겠습니까?

내 생각에 선비는 참고 견디는 사람이어야 합니다. 굶주림을 참고, 가난함을 견디고, 화를 참고, 추위를 견디고, 부러움을 참고, 수고로움을 견뎌야 합니다. 물론 그 시작은 한 끼의 양을 줄이는 것부터이겠지요.

떠도는 속언에 매번 춘궁기라는 말이 있습니다. 속언이라기보다는 차라리 진리처럼 들립니다. 늘 같은 병이 반복되고 있는데도 치료 약은 도무지 나오지를 않으니 이것이야말로 통탄할 일입니다!

4

편지를 보니 그대에게 보낸 선물이 벌써 도착했나 보군요. 그대가 적어 보낸 평은 꼭 그대 같습니다.

> 진짜 떡은 당연히 맛있지만
> 개떡의 맛도 일품임을 오늘 처음 알았습니다.

그대의 언어가 참 교묘합니다. 일품一品은 가장 좋은 물건을 칭할 때 쓰는 말입니다. 엄밀히 말하면 진짜 떡과 개떡 모두 일품일 수는 없지요. 문법에 정통한 그대가 모르고 썼을 리는 없을 테니 그렇다면 내가 그대의 마음이 되어 문장의 올바른 뜻을 읽어내겠습니다. 나의 독법은 이렇습니다.

개떡도 참고 먹을 만은 합니다.

  그대를 비난하는 것이냐고요? 그렇지 않습니다. 개떡을 먹으면서 진짜 떡을 떠올린 그대가 나는 참 좋습니다. 가난한 백성들 앞에서는 엄지손가락을 들어 "개떡 최고"를 외치고, 돌아서자마자 곧바로 뱉은 뒤 진짜 떡으로 입가심을 하는 위선적인 이들보다는 백배 낫습니다!

  다시 개떡으로 돌아와 이야기하자면 개떡은 절대 일품일 수 없습니다. 그대에게 보낸 건 실로 '완벽한' 보리 개떡입니다. 보리쌀 한 톨 들어 있지 않은 '순수한' 보릿겨를 물과 함께 반죽한 후 시루에 찐 것입니다. 떡이란 물건은 곡식의 가루로 만드는 겁니다. 그러므로 보리 개떡은 모양만 떡이지 실은 떡이 아닌 것이지요. 한 입 베어 물면 고소한 맛이 조금 풍기기는 하지만 떡에는 비교할 바가 못 된다는 뜻이지요. 그러니 개떡은 실은 일품이 아니라 하품입니다. 그렇지만 이렇게도 생각할 수 있습니다. 배고픈 이들의 배를 채워준다는 음식의 미덕 측면에서는 진짜 떡 못지않다고요. 이미 주고받았던 말을 변주해 다시 쓰자면 이렇습니다.

  개떡을 먹을 수만 있다면 못할 일이 없다네.

옛날의 어느 소박한 농부는 새로 뜯은 향내 좋은 미나리를 도저히 혼자 먹을 수 없다며 임금에게 바쳤습니다. 심성 고운 촌부는 등을 따뜻하게 해주는 햇살에 고마워하다가 임금에게 드릴 방법이 없다는 데 생각이 미치자 땅을 치며 안타까워했습니다.

늙은 나는 우리 임금에게 이 완벽한 개떡을 바치고 싶습니다. 내가 만든 개떡을 묘약처럼 귀히 여기시고 아껴 드시는 임금이라면 이 나라에 대해 더 걱정할 것이 없겠습니다. 팔십 노인다운 늘어진 잔소리로 개떡 예찬을 끝내겠습니다.

고봉밥 한 그릇
소반 위 술 한 잔
그 맛에 감탄할 때
만들 적 어려움 반드시 헤아리게나.

5

진미를 그리워한 적은 정말로 한 번도 없느냐고요? 그대다운 솔직한 질문이로군요!

그럴 리가 있겠습니까? 팔십 노인이기는 하나 나도 사람입니다. 나에게도 혀가 있고 미각이 있습니다. 진미가 황홀한 줄은 나도 잘 압니다.

세월이 하도 많이 지나 기억하기도 어려운 지난 시절의 어느 밤이었습니다. 오랜 벗이 찾아와 음식 하나를 내놓았습니다. 소금과 함께 구운 송이버섯이었습니다. 진미 중의 진미라는 벗의 말은 한 귀로 흘려듣고 무심히 하나를 집어 입에 넣었습니다. 방비도 없이 당한 공격에 깜짝 놀라 입을 다물지 못했습니다. 입안에 향기로운 꽃이 피어난 것 같았습니다. 매월당 김시습金時習의 고상한 표현을 빌리자면 이가 시원해지는 것 같았습니다. "어떤가" 하고 묻는 벗의 질문에 "좋긴 하네" 하고 곧바로 승복하지 않을 도리가 없었지요. 벗은 진지한 얼굴이 되어 충고를 한 사발 건넸습니다. "자네 사는 모습이 마음에 안 드네. 결국 먹고살자고 하는 일일세. 훌륭한 반찬 한두 가지 정도는 갖춰두고 먹는 게 좋네"라고 했지요.

알았다고 시원하게 답했지만 벗의 의견에 완전히 동의한 것은 아니었습니다. 그저 이야기가 더 길어지는 게 싫었을 뿐이었지요.

며칠이 지났습니다. 여느 때처럼 거친 밥과 김치, 국으로 된 상을 받았는데 갑자기 짜증이 확 나더니 곧바로 송이버섯이 생각나는 게 아니겠습니까? 머리를 흔들어 지우려 해도 그 향기며 맛은 좀처럼 사라지지 않았습니다. 결국 나는 하인을 통해 송이버섯을 구해서 먹고야 말았습니다. 버섯에 취한 돼지처럼 구운 송이버섯을 먹고 또 먹고야 말았습니다. 그날 밤 과식으로 더부룩한 배를 주먹으로 야단치듯 주무르면서 깨달았습니다. 진미는 배를 부르게 하는 게 아니라 오히려 더 허기지게 한다는 사실을 말입니다.

진미에 길들여진 입맛이 소박한 상에 만족하기란 참으로 어렵습니다. 우연히 산삼을 발견한 초보 심마니처럼 숲속을 헤매며 이 진미, 저 진미를 마구 찾아다니다가 기력을 낭비하게 되지요. 나라고 진미의 가치를 모르는 건 아닙니다. 매일 진미를 먹을 수만 있다면 그것도 나쁘지 않겠지요. 아니, 그렇다면 참 좋은 세상이겠지요. 하지만 우리가 사는 세상엔 부자보다는 가난한 이들이 훨씬 더 많습니다. 모두가 진미를 먹으며 사는 일은 불가능하다는 뜻입니다. 어떤 이에게는 진미가 한 끼 밥만도 못하지만 또 어떤 이에게는 한 끼 밥조차 흔히 먹기 어려운 진미라는 뜻입니다. 그렇다면 나는 진미를 포기하고 가난한 이들의 편에 서겠습니다. 그들이 먹고 마시는 거친 밥과 맹물을 진미로 여기면서 살겠습니다.

진미를 그리워한 적은 정말로 없느냐고 물었지요? 그럴 리가 있겠습니까? 나도 사람입니다. 내게도 혀가 있고 미각이 있으니 진미가 맛있는 줄은 잘 압니다. 하지만 세상 모든 이들이 진미를 즐길 수 없다면 그 향기로운 맛은 결국 백성의 피와 기름으로 만든 쓸쓸한 맛에 지나지 않습니다.

6

그대도 짐작했겠지만 나는 '가난의 전문가'입니다. 온갖 종류의 가난을 겪어내고 버티며 살아온 터라 웬만한 가난에는 끄떡도 하지 않는다는 뜻입니다. 특별히 그대에게만 가난을 이겨내는 비결을 알려드리겠습니다(당장 그대에게 필요한 비결은 아니겠으나 사람 일이란 모르는 법이니까요!). 부디 소문내지 말고 그대의 마음속에만 고이 간직하길 바랍니다.

비결은 바로 콩입니다. 씨알이 굵고 껍질이 부드러운 붉은 콩을 쌀과 반반씩 섞어 밥을 지으면 그 맛이 쌀밥보다 훨씬 더 훌륭합니다. 쌀과 콩의 혼합이 쌀보다 낫다는 게 믿어집니까? 이 세상에 술법이 존재한다면 이것이야말로 대단한 술법인 것이지요! 붉은 콩의 솜씨에 반한 나는 더 나은 콩을 찾기 위해 애를 썼습니다. 그 결과 검은 점이 박힌 콩, 푸른 기운이 감도는 콩, 희누르스름한 콩을 얻었습니다. 가장 좋은 건 희누르스름한 콩이었지요. 껍질이 얇아서 익으면 쩍쩍 벌어지는 게 보기에도 좋고 맛도 훌륭했습니다. 좋은 콩 덕분에 항아리의 곡식이 저절로 절약되었습니다.

콩 연구는 자연스레 성인의 말씀에 연결되었습니다. 공자孔子께서는 자로子路에게 이렇게 말씀하셨지요.

"콩과 물을 마시더라도 부모를 지극히 기쁘게 하는 것을 일러 효라고 한다."

의문이 들 것입니다. 물을 마시는 것이야 당연하지만 단단한 콩을 어떻게 마실 수 있을까요? 답은 바로 묽은 죽입니다. 공자께서는 선비가 가난에 대처하는 법을 콩을 통해 알려주신 것입니다. 죽은 신비한 음식입니다. 물을 넣고 끓이는 간단한 조처로 그 양을 3분의 1 가까이 늘릴 수 있답니다. 신통한 깨달음을 얻고도 아무런 행동을 취하지 않으면 선비가 아니지요. 나는 곧바로 모임 하나를 만들었으니 그 이름은 바로 삼두회三豆會입니다. 문자 그대로 세 가지 종류의 콩을 먹는 모임이라는 뜻이지요. 콩죽, 콩나물 김치, 콩장이 바로 그 세 가지입니다. 초대받은 이들이 배불리 먹는 것을 보고 기분이 좋아진 나는 팔십 노인의 부질없는 소원 하나를 모두에게 선물했습니다. 내가 죽고 없더라도 1년에 한 번은 꼭 모임을 갖기 바란다는 것이었습니다.

소원 뒤에 덧붙인 신중한 당부 또한 잊어서는 안 되겠지요. 나는 목소리를 낮추어 이렇게 말했습니다.

"이 일은 우리끼리만 알고 있어야 할 것이다. 고깃국이 배 속에 가득 찬 이들에게 알려서는 안 된다는 뜻이다. 행여 그들이 이 일을 빌미 삼아 우리를 욕할지도 모르니 말이다."

내가 말한 '고깃국이 배 속에 가득 찬 이들'이 꼭 그대 같은 서인 경화세족을 칭하는 게 아니라는 것은 알아주기 바랍니다. 내가 믿는 그대이니 더 당부할 것도 없겠지만 이 편지는 처음에도 당부했듯 그대만 읽고 책장 깊숙이 감춰두거나 아예 없애는 게 좋겠습니다. 그대가 속한 당의 사람들로부터 머리부터 발끝까지 삐딱한 노인네라는 소리는 더 이상 듣고 싶지 않으니까요. 이것이 아니더라도 그 사람들의 입에 오를 구설수는 많고도 많으니까요.

◇◆ 추신 ◆◇

죽을 맛나게 먹은 후 생각난 김에 시를 한 편 지어보았습니다. 읽고 크게 웃기 바랍니다.

죽을 끓여 그릇에 담으니 옅은 녹색빛

가난한 늙은이 죽 먹으니 맛은 더욱 좋다.

앞마을에는 밥 짓는 연기가 끊어졌으니

알알이 향기로운 곡식을 분수 헤아리며 먹는다.

7

그대의 집안도 이름만 반짝반짝 빛이 날 뿐 살림살이는 짐작만큼 넉넉하지는 않다는 그대의 진지한 항변은 못 들은 것으로 하겠습니다. 곳간과 창고가 곡식과 보화로 차고 넘치며 수십 명의 노비를 부리는 다른 집에 비하면 가진 건 태산 같은 자부심과 백 년 묵은 먼지밖에 없다는 그대의 문학적인 변명에는 귀를 꽉 틀어막겠습니다.

물론 나도 그대의 집안이 부유함보다는 강직함으로 명성을 얻었다는 사실은 잘 알고 있습니다. 묵직한 재산보다는 구부러지지 않는 혀가 그대 집안의 보배이며 청렴이 그대 집안의 가훈이라는 것도 내 가슴에 똑똑히 박혀 있는 지식입니다. 그럼에도 그대는 항변하지 말아야 하며 변명하지 말아야 합니다. 다시 말하지만 우리 선비라는 족속들은 아무것도 생산하지 못하는 이들입니다. 백성들이 온갖 정성을 다 바쳐 어렵게 만든 곡식과 물품들을 그저 소비하고 또 소비하는 무용한 존재들이지요. 그래서 내가 우리 같은 선비들을 세상의 한 마리 좀이라 칭하는 겁니다.

잔소리를 퍼부은 김에 하나 더 보태자면 우리의 기준은 우리보다 나은 자들에게 맞춰져 있어서는 안 됩니다. 한 줌도 안 되는 더나은 자들을 보며 한숨 쉬고 부러워할 게 아니라 세상 대부분을 차지하고 있는 우리보다 못한 자들을 생각하며 가슴 아파해야 합니다. 그게 바로 선비가 해야 할 일입니다. 사상과 당색이 같고 다름은 아무 상관없는 일이지요.

8

중종中宗조의 명신 사재 김정국金正國은 가난하면서도 별다른 어려움 없이 잘 살고 있는 비결로 세 가지 여분을 들었습니다. 몸을 눕히고도 남는 땅, 여벌의 옷, 밥그릇 바닥에 남은 음식이 바로 그것들로 이 세 가지 여분만 있으면 소인들에게 소신을 굽히지 않고서도 한세상 잘 살아갈 수 있다고 했습니다. 가난에 당당한 사재 선생이었지만 노년에 이르러서는 뜻밖의 욕심도 부렸습니다. 한 상자의 책, 거문고, 붓과 벼루, 신발 한 켤레, 시원한 마루, 따뜻한 방 한 칸, 지팡이, 나귀 한 마리가 욕심의 대상이었습니다. 아무래도 욕심은 다른 단어로 바꾸어야겠지요? 사재 선생이 원한 건 최대가 아닌 최소였으니까요.

사재의 본을 따라 내가 느끼는 '세 가지 즐거움'을 찾아 적어보았습니다.

전쟁이 없는 세상에서 태어나 시골에서 평생을 살다 죽는 것.

춥지도 덥지도 않은 따뜻한 곳에서 태어나 사는 것.

조상의 음덕으로 굶주림을 모면하고 편히 사는 것.

그대에게 묻겠습니다.

아직 젊은 그대의 세 가지 여분은 무엇입니까? 세 가지 즐거움은 또 무엇이며 꼭 갖고 싶은 최소의 것들은 또 무엇입니까?

알려주십시오. 그대에 대해 하나라도 더 알고 싶습니다.

◈◈ 추신 ◈◈

모기만 한 벌레들이 온 들판을 덮고 있습니다. 새벽에 일어나 머리를 긁으며 고민하지만 별다른 계책이 없습니다. 아, 농부의 삶은 왜 이렇게 힘이 드는 걸까요?

9

그대는 대답 대신 또 엉뚱한 글을 적어 보냈군요. 유배지에서 세상을 떠난 부친을 둔 사람이, 억울하게 신문을 받다 매를 맞아 죽은 형님을 둔 사람이, 가문에 드리운 그늘 때문에 결국은 과거까지 포기한 사람이 어떻게 '세 가지 즐거움'을 그리 담담하게 적어 보낼 수 있느냐고요. 같은 당 사람들이 저지른 일에 그대조차 부끄러워 몸 둘 바를 모를 지경인데 그 아픔과 괴로움은 왜 토로를 하지 않느냐고요.

아, 이 이야기는 나중에 다시 하도록 하겠습니다. 그대의 푸릇하니 따뜻한 마음에는 큰 고마움을 느끼지만 내가 적은 세 가지 즐거움은 문자 그대로 받아들여주었으면 합니다. 누가 뭐라고 해도 그것은 나의 진심이니까요.

◈◈ 추신 ◈◈

벌레가 사라져서 다행이기는 합니다만 계책을 통해 얻은 결과가 아니라 여전히 걱정은 남아 있습니다. 또다시 벌레가 온다면 그때는 또 어떻게 하겠습니까? 그저 하늘만 보며 저절로 사라지기를 바라고 또 바라야겠습니까?

10

우리 조부께서 한때 성천부사로 재직하셨던 것을 그대는 알고 있으리라 믿습니다. 그 당시 평안도관찰사는 학사 김응조金應祖였는데 그분이 조부께 보낸 편지 한 장이 지금도 오동나무 상자 속에 고이 간수되어 있지요. 나는 마음이 어지러울 때마다 그 편지를 꺼내봅니다. 특별히 중요한 내용이 적혀 있는 건 아닙니다. 그저 조부의 안부를 묻는 일상적이고 평범한 편지일 뿐입니다.

내가 눈여겨보는 건 편지지입니다. 여태껏 사치와는 거리가 먼 삶을 살아왔지만 그런 나조차도 이런 얇고 투박한 종이는 별로 본 적이 없습니다. 종이의 크기도 참 작아서 두 손바닥을 쫙 펴면 보이지 않게 가릴 수 있을 정도랍니다. 평안도의 물산이 풍족하다는 건 일곱 살 꼬마 아이도 알고 있는 사실입니다. 평안도관찰사의 위세가 영의정 뺨칠 정도라는 것도 너무 진부한 이야기라 더 설명할 필요가 없겠지요. 그런데도 학사께서는 제대로 된 종이 한 장 못 가진 가난한 유생도 놀라서 꺼릴 만한 형편없는 종이에 깨알 같이 작은 글씨를 적어 편지를 보냈던 겁니다.

종이라는 물건은 사대부들이 주로 쓰지만 그들이 직접 만드는 것은 아닙니다. 만드는 이는 백성이고 그 비용은 대개 민간에서 부담을 합니다. 그런데도 요즈음 벼슬아치들이 주고받는 편지를 보면 놀라서 입을 벌리지 않을 수 없습니다. 종이의 매끄러움에 거친 손이 부끄러울 지경이고 종이의 아름다움에 주름 많은 눈이 멀 지경입니다. 거기에 더해 그 종이는 또 얼마나 크고 넓은지요. 마음만 먹는다면 종이 위에서 잠도 청할 수 있겠습니다! 이렇듯 정치가 밝지 않고 청렴이 사라진 세태를 종이 한 장으로도 능히 알 수 있습니다.

젊은 시절에 세상 곳곳을 여행하다가 지금은 이름조차 기억나지 않는 절에 들러서 종이 만드는 작업을 관찰한 적이 있습니다. 참으로 고된 일이더군요. 인내에 능한 승려들조차 한숨짓는 것을 보면서 생각했습니다. '종이 한 장 만드는 일도 이토록 어려운데 농사를 짓고 베를 짜는 일은 또 얼마나 어려울까?' 하고요.

옛날 진시황始皇帝은 신하들이 쓴 글을 무게로 평가했다지요? 지금 사람들의 입장에서야 황제의 무지와 폭력을 욕하며 그저 웃어넘길 일에 불과하지만 나름의 교훈도 없지는 않습니다. 벼슬아치들이 쓴 종이의 무게에 따라 벌을 주면 기뻐할 백성들이 적지 않을 듯합니다. 물론 실현될 가능성은 전혀 없겠지만 말입니다!

11

그대의 편지지에서 곱던 꽃과 활발하던 나비가 사라진 건 조금 아쉽군요! 그대를 책망하려 쓴 글은 결코 아니었습니다. 그렇기는 해도 꽃과 나비야 고개를 들고 주위를 살피면 곧바로 볼 수 있으니—심지어 더 아름답고 더 활발하니—크게 서운하지는 않습니다.

젊은 선비들 사이에서 좋은 벼루와 차, 향을 갖추는 게 유행이라지요. 중국산 향을 피워놓고 중국산 차를 마시며 중국산 벼루에 먹을 갈아 글씨를 주고받으며 즐거워하는 것이 그들의 새로운 낙이라는 소문을 들었습니다. 심지어는 중국산 청동 솥을 찾는 사람이 크게 늘어서 시중에 도는 골동품 둘 중 하나는 가짜라는 이야기까지 떠돌더군요. 그대는 이런 경박한 풍토에 휩쓸리지 않으리라 믿습니다. 예의와 언어와 인성을 제대로 갖춘 그대는—요즈음 선비들은 심지어 길에서 사람을 만나도 절하거나 읍하지 않고 꼿꼿이 등을 세운 채 제 갈 길을 간다더군요. 그것도 중국식이랍니까?—흐르는 유행과 헛된 낙에 눈과 마음을 빼앗기지는 않으리라 굳게 믿습니다.

팔십 노인의 잔소리를 다시 보탭니다. 재물은 한정되어 있습니다. 하늘이 부여한 재물의 총량은 정해져 있다는 뜻입니다. 사치에 빠지면 재물이 부족하게 됩니다. 재물이 부족하면 가난해집니다. 선비가 가난해지면 어쩔 수 없이 백성들을 쥐어짜게 되므로 그들은 더 가난해지게 됩니다. 착취를 당한 백성들은 삶의 의욕을 잃게 됩니다. 의욕을 잃은 백성들은 농사도 포기하고 떠돌게 되고 그 결과 나라는 전보다 더 가난해지지요. 나라가 가난해지면 또다시 고통받는 것은 다름 아닌 백성들입니다. 이 악순환의 고리를 끊는 방법은 의외로 간단하니 바로 사치를 없애는 겁니다. 우리의 임금이 이 사실을 알고 벼슬아치를 제대로 단속하기만 해도 이 나라는 지금보다 훨씬 좋아지겠지요.

재물은 백성의 피와 땀으로 만들어지는 것입니다. 재물 한 가지에 묻어 있는 피와 땀의 총량은 우리가 생각하는 것보다 훨씬 무겁습니다. 나라에서 벼슬아치를 두는 이유가 도대체 무엇이겠습니까? 백성의 삶을 도우라는 뜻에서입니다. 부모가 되어 백성을 돌보라는 뜻에서입니다. 그런데 벼슬아치들이 오히려 백성의 원수인 세상이니 참으로 슬픈 일입니다.

◇◇추신◇◇

어느 시골 사람이 집으로 돌아가는데 술에 잔뜩 취해 제대로 걷지도 못했습니다. 그런데 친척을 만나자 정중하게 몸을 숙여 읍을 했다고 합니다. 우스갯소리에 가까우나 마냥 웃을 일은 아닙니다. 선비들이 예를 잃으면 시골 사람에게서 찾는다는 속언이 거짓이 아님을 알겠습니다.

12

내가 바라는 세상은 시성 두보의 바람 그대로입니다.

귀한 자가 없다면 천한 자도 슬플 것이 없다.
부유한 자가 없다면 가난한 자도 스스로 만족할 것이다.

팔십 노인의 망상일 뿐이니 크게 한 번 웃기 바랍니다.

13

그대의 말이 맞습니다. 그대와 내가 사는 이 냉엄한 시대에 문학은 먼 나라 이야기이지요. 우리가 사는 이 현실적인 세상엔 엄연히 부유한 자가 있고 가난한 자가 있지요.

그렇더라도 나는 이렇게 말하겠습니다. 삶이 고단할수록 중심이 되는 생각부터 분명히 가져야 하는 법입니다. 따지고 말 것도 없이 선비에게 가난은 당연한 것입니다. 오직 책에만 마음을 쓰고 실오라기 하나, 곡식 한 알 자기 힘으로 생산하지 못하는 존재이니 가난을 탓할 이유 자체가 없는 것이지요. 농부가 되어 땅을 일구거나 공인이 되어 물품을 만들거나 상인이 되어 유통에 힘을 쓰지 않는 이상 가난을 피할 도리는 없습니다. 그러나 노동을 통해 이익을 챙기는 것은 어느 모로 보나 선비가 할 일은 아니지요. 그렇다면 무엇을 해야 할까요? 가만히 앉아 굶어 죽을 수는 없지 않겠습니까?

성현 주자에게서 답을 얻어봅니다. 이른바 문자전文字錢이라는 것으로 책을 찍어서 생계를 해결하는 방법이지요. 구차함에서 나온 부득이한 계책이기는 해도 선비의 도리를 벗어나지 않고 할 수 있는 일이라는 장점이 있습니다. 물론 이 나라의 미약한 도서 시장을 감안하면 쉽지 않은 일이기는 하지만 말입니다.

가난은 무섭습니다. 가난하면 친구들에게도 버림을 받기 마련입니다. 아내와 첩도 괄시를 하고 남들은 아예 하찮게 여기는 법입니다. 몇 번 그런 일을 당하다 보면 결국 마음도 쪼그라들어 옹졸해지지요. 옹졸함이 심해지면 결국은 선비의 뜻을 아예 잃어버리는 일도 자주 일어납니다. 그렇더라도 나는 이렇게 말할 수밖에 없습니다. 아무리 어렵고 힘들어도 선비는 선비의 일을 해야 한다고요.

생각이 깊으면 근심이 얕아지고 지식이 풍부하면 환란이 적다는 말이 있습니다. 옛날의 훌륭한 선비들은 낡은 옷을 입고도 부끄러워하지 않았고 헤진 신발을 신고서도 노래를 불렀습니다. 시와 도리가 희미해진 세상이긴 합니다만 그대와 나도 마땅히 그래야겠지요.

생각을 깊게 하세요.

지식을 갖추세요.

시를 읊고 노래를 부르세요.

14

그대는 내게 문정공 유관柳寬의 일화를 적어 보냈군요. 장맛비를 견디지 못하고 천장에서 물이 뚝뚝 떨어지자 낡은 우산을 꺼내 쓰고는 "우산이 없는 집에서는 어찌 견딜까" 하고 부인에게 물어보았다는 그 옛날 유관의 이야기를 적어 보냈군요. 물바다 속에서도 태평한 남편의 모습에 화가 나기도 하고 어이가 없기도 한 부인은 이렇게 응대했다지요.

"우산이 없는 사람들은 알아서 나름대로 준비를 했을 겁니다."

글줄 읽은 선비라면 누구나 알고 있을 이 유명한 이야기를 그대가 내게 적어 보낸 이유는 분명합니다. 지난번 내가 쓴 글이 꼭 유관 같다는 것이겠지요. 천장에서 비가 새면 지붕을 손보는 게 급선무일 텐데, 선비가 되어 먹고사는 게 힘들 지경이 되면 현실적인 대처 방안을 내놓는 게 급선무일 텐데, 선비는 선비의 일을 해야 한다는 내리나마나 한 결론을 내놓은 꼴이 남의 집 우산 걱정을 하는 유관과 똑같다는 것이겠지요. 그대의 말이 맞습니다. 촌로에 지나지 않는 나는 세상 물정 모르는 이 시대의 유관입니다!

하지만 이것 하나만은 지적하고 싶습니다. 유관이 집 안에서 우산을 쓰고서도 남의 집 우산 걱정을 한 것에는 세상 물정 모른다는 것 외에도 또 다른 중요한 의미가 있으니 그건 바로 자신의 괴로움을 통해 남의 가난을 염려했다는 점이지요. 유관이 어찌 천장에서 비가 새면 지붕을 고쳐야 한다는 기초적인 사실을 몰랐겠습니까? 하지만 비가 심하게 내리던 그날 유관의 마음은 자기 집 지붕에 있지 않았습니다. 비가 새는 게 아니라 아예 허물어져가는 집에서 거처하는 백성들을 생각했고 초라한 집도 갖고 있지 못해 지붕도 없는 길에서 온몸으로 비를 맞으며 떠도는 백성들을 떠올렸던 것입니다. 왜 그랬겠습니까? 유관은 선비였고 재상이었기 때문입니다. 하루하루 힘겹게 버티는 백성들의 삶은 모두 자신의 책임이라고 인식했기 때문입니다. 그러므로 실은 유관은 할 일을 제대로 했던 것이지요.

시가 힘을 잃은 세상이라지만 이 팔십 노인은 또다시 두보를 인용하지 않을 도리가 없습니다. 두보는 '안득광하천만간安得廣廈千萬間 대저천하한사구환안大庇天下寒士俱歡顏' 즉 넓은 집 천만 칸을 얻어

천하 선비들의 기뻐하는 얼굴과 함께하고 싶다고 이야기했지요.
유관에게는 함께하고픈 이들이 선비가 아니라 천하의 백성들이었
을 테고요.

◇◇ 추신 ◇◇

여종이 세숫대야를 올리려다 계단에서 넘어지는 바람에 내 옷이 다 젖었습니
다. 내가 여종을 보며 다친 데가 없느냐고 물었더니 여종은 화들짝 놀라며 괜
찮다고 했습니다. 옆에서 지켜보던 이가 "유관劉寬이 납셨네" 하고 나를 놀려
댑니다.

물론 이 유관은 후한의 유관입니다. 후한의 유관은 좀처럼 화를 내지 않는 것
으로 유명한데 이런 일화가 전해 내려오고 있습니다.

어느 날 부인이 유관의 화를 돋울 심산으로 여종에게 고깃국을 들고 들어가서
유관의 옷에 쏟도록 시켰습니다. 고깃국에 옷을 버린 유관은 여종을 보며 걱정
스럽게 말했다지요.

"뜨거운 국에 네 손을 데었을 테니 이를 어쩌면 좋으냐."

아, 나는 유관처럼은 못할 것 같습니다!

15

허리 숙여 사과할 필요 없습니다. 그대는 나의 젊은 벗이니 현실을 제대로 보지 못한 내 오류를 그냥 넘기지 않고 아프게 꼬집어 지적하는 것은 당연한 도리 아니겠습니까? 내가 한 것은 다만 그 오류를 겸허히 받아들이되 어쩌면 그대가 간과했을지도 모를 숨은 진리 하나를 슬쩍 밝혀 건넨 것뿐이고요. 부디 앞으로도 내 오류와 잘못을 거침없이 지적해주십시오. 그것은 벗의 의무입니다. 나는 의무를 게을리하는 벗을 좋아하지 않습니다!

지붕 이야기가 나온 김에 집에 대한 이야기를 조금 더 이어가는 게 좋겠습니다. 처음 지었을 때에는 크고 아름다웠지만 세월이 지남에 따라 기둥과 대들보가 좀을 먹어 쓰러질 지경이 된 집이 있었습니다. 이웃들이 수리를 권하자 주인은 고개를 갸웃하더니 이렇게 대답했습니다.

"제대로 된 목수를 구하기는 쉽지 않은 일입니다. 엉터리를 불러 수리하다 이 아름다운 집을 망치느니 급한 부분만 임시적으로 손을 보고 조금 더 참고 견디는 게 좋겠습니다."

그대 같으면 이 집주인에게 뭐라고 하겠습니까? 더군다나 그 집에 사는 이들이 다른 사람도 아닌 내 아버지, 내 어머니, 혹은 내 일가친척이라면 말입니다. 잠시도 지체하지 않고 곧바로 수리를 시작하는 것이 인지상정이겠지요. 꾹 참고 버티면 물론 더 버틸 수도 있겠지만 그건 살고 죽는 일을 요행에 맡기는 것에 지나지 않습니다. 내 부모, 우리 일가의 운명을 요행에 맡기겠습니까?

그대와 내가 사는 이 나라가 바로 무너지기 직전의 집입니다. 이 나라, 이 백성들을 살리기 위한 방법은 오직 하나뿐이니 그건 바로 변법變法입니다. 법과 제도를 뿌리부터 바꾸는 근본적인 개혁이 필요한 시점이지요. 하지만 변법의 '변'만 꺼내도 모두들 왕안석王安石을 떠올리며 고개부터 바쁘게 젓습니다. 왕안석의 신법이 송나라를 멸망에 이르게 했다는 것을 어찌 모르느냐고 화부터 냅니다.

그렇습니다. 선비라면 누구나 알다시피 왕안석의 신법은 실패했습니다. 하지만 나는 그 실패의 원인을 신법이 아니라 그의 조급증에서 찾고 싶습니다. 지나치게 서두르다 보니 무리할 수밖에 없었고 그러다 사람들의 믿음을 얻는 데 실패하고 개혁도 이루지 못한 것이지요. 그러나 나는 개혁하겠다는 그의 정신만큼은 높이 사고 싶습니다. 그대도 보고 들은 것이 있으니 잘 알겠지만 벼슬아치들은 제도가 크게 바뀌는 것을 좋아하지 않습니다. 일을 벌였다가 잘못되면 책임을 져야 하니 꺼리는 것이고 변화의 와중에 굳건하던 자리가 행여 흔들릴까 염려해 손부터 내젓습니다. 아, 이래서야 도대체 무슨 일이 제대로 되겠습니까? 율곡 이이李珥와 반계 유형원柳馨遠이 내놓았던 그 수많은 개혁안들이 단 하나라도 실행되었다면 이 나라의 모습은 지금과는 참 많이 달라져 있겠지요.

오늘따라 내용이 과격했습니다. 읽는 즉시 찢어 없애기 바랍니다.

16

편지는 그대만 아는 모처에 깊이 숨겨놓고 있다고 하니 이제부터는 안심하고 말하겠습니다.

서울에 사는 그대가 나보다도 훨씬 잘 아는 사항이겠지만 이 나라의 문벌 숭상은 참으로 대단하지요. 몇 년 전에 만났던 사람 하나가 문득 생각납니다. 겉보기에는 얼굴도 온화하고 행동도 점잖아서 제법 괜찮다 싶은 사람이었는데 가문 이야기가 나오니 사람이 확 변해버리더군요. 자세한 내용을 기억하지는 않으나 23대조는 대사성을 지내셨고, 장인의 팔촌의 사촌 되는 이는 현직 이조참판인데 하는 식으로 이미 말 시작할 때부터 벌게진 눈으로 침을 튀기며 말을 쉬지 않고 이어가니 가만히 앉아서 듣고 있기가 쉽지 않았습니다. 비록 꼴불견이긴 해도 그런 종류의 미련한 자랑은 귀만 좀 아프지 해가 없기 마련이어서 먼 산 바라보며 그럭저럭 참고 들어 줄 만합니다.

　정작 내가 견딜 수 없는 건 현달한 벼슬아치 한 명만 나오면 일가 전체가 아예 일을 그만두어버리는 이 시대의 풍속입니다. 벼슬아치가 받는 녹봉이 당사자의 직계가족을 풍족하게 먹여 살리기에도 충분하지 않다는 건 다들 아는 상식입니다. 그런 형편인데도 직계가 아닌 일가 전체가 일시에 일을 손에서 놓아버리는 건 일하지 않고도 먹고살 수 있다는 확신이 있기 때문이겠지요. 실제로도 그들 대부분은 잘 먹고 잘삽니다. 비결은 의외로 간단합니다. 이 나라 특유의 인정, 즉 뇌물이 있기에 가능한 일입니다. 얼마나 뇌물을 많이 받기에 일가가 다 잘살 수 있는 건지 벼슬아치의 경험이 없는 나로서는 말하기 어렵습니다. 그렇지만 그 뇌물이 다른 주머니가 아닌 백성들에게서 나온다는 사실 하나만큼은 감나무에서 감이 나는 것처럼 분명합니다.

　이 나라에서 가장 먼저 바뀌어야 할 게 뭐냐고 누군가 묻는다면 나는 감히 이렇게 말하겠습니다. 바로 "벼슬아치의 숫자를 줄이는 것!"이라고 말입니다.

　이 나라는 예로부터 땅덩어리는 좁은데 벼슬아치의 숫자는 많다고 알려져 있습니다. 그 벼슬아치들이 백성의 어려움을 자기 일처럼 가슴 아파하고 척박한 삶을 윤택하게 할 대책을 수립하기 위해 밤낮 가리지 않고 머리를 썼다면 전혀 문제가 없겠지요. 현실은 어떤가요? 그들에게 백성들은 그저 가죽을 벗기고 살을 발라낼 탐나는 사냥감일 뿐입니다. 백성들을 효율적으로 괴롭힐 수단을 다른 벼슬아치보다 조금이라도 더 찾아내 착취하고 또 착취하는 것이 그들의 머릿속에 든 유일한 생각입니다.

그러니 백성을 진심으로 걱정하는 임금이라면 가장 우선적으로 취해야 할 조치는 무엇이겠습니까? 그렇지요, 벼슬아치들부터 없애는 것이지요. 자신의 손과 발을 자르는 아픔을 견뎌내야 하는 결연한 의지가 필요한 까닭에 과연 현실에서 가능한 일일지는 잘 모르겠지만 말입니다.

17

그대의 말이 맞습니다. 모든 벼슬아치들이 다 인정—이 좋은 단어를 왜 뇌물의 뜻으로 쓰는지 모르겠습니다—에 목말라하는 건 아니지요. 모든 벼슬아치들이 뇌물과 착취만 생각하며 하루해를 보내는 건 아니지요. 이 나라 백성들이 겪는 어려움을 자기 팔다리의 아픔처럼 진지하게 생각하는 이들이 존재한다는 건 나도 인정하는 바입니다. 그나마 이 나라가 무너지지 않고 버티는 건 그런 이들 덕분이겠지요. 그러나 그대는 겉보기엔 전혀 문제없어 보이는 그들에게도 약점이 있다는 사실을 인정해야 합니다.

하나 물어보겠습니다. 이 나라에서 벼슬아치가 되는 이들은 어떤 사람들입니까? 어려서부터 책을 읽고 과거 공부에만 매진하다 마침내 뜻을 이룬 이들이 대부분이지요. 범위를 더 좁혀서 말하면 그대와 같은 경화세족의 자제들이 열에 일고여덟은 되는 것이지요. 다시 말하면 일반 백성들이 보기에 부족한 것 하나 없는 집에서 살며 책상물림으로 반평생을 지내온 성실한 사람들이라는 뜻입니다.

성실은 몰라도 책상물림이란 단어는 결코 칭찬이 아니지요. 백성들이 실제로 어떻게 사는지에 대해서는 전해 들은 추상적인 지식만 있을 뿐 구체적인 삶의 모습에 대해서는 아는 게 전혀 없는 사람들이라는 뜻입니다. 성실하고 똑똑하기는 하나 현실에는 무지한 이런 벼슬아치들이 과연 공감 능력을 제대로 발휘하여 백성들의 고통을 제대로 이해할 수 있겠습니까? 백성들에게 가장 시급한 문제가 뭔지 현장에 나아가 곧바로 알아낼 방법이 있겠습니까?

어쩌면 백성들의 뼈와 살을 발라먹을 작정으로 달려드는 아귀 같은 벼슬아치들은 의외로 적을지도 모르겠습니다. 나름대로는 백성들을 위하고 있다고 믿는 벼슬아치들이 내 생각보다 훨씬 더 많을지도 모릅니다. 하지만 달라지는 것은 전혀 없습니다. 백성들의 사정은 조금도 나아지지 않고 있으니까요. 왜 그럴까요? 백성의 입장에서 생각하지 않고 자신의 어림짐작만으로 일을 꾸미고 시행하기 때문입니다. 한마디로 말해 진심이 부족한 것이지요.

공자께서는 이렇게 말씀하셨지요.

백성을 부릴 때에는 큰 제사를 받들 듯이 해야 하느니라.

56

이 말 한마디에 벼슬아치들이 해야 할 모든 것이 다 담겨 있다고 생각합니다. 제사란 귀신을 섬기는 도리입니다. 준비에 정성을 다하고 간절한 마음으로 기다려야 흠향하겠지요. 마찬가지로 벼슬아치들은 늘 큰 제사를 받들 듯 백성들을 생각하며 살아야 합니다. 좋은 이불을 덮고 가죽옷을 입고 화로의 온기를 즐길 때에는 추위에 벌벌 떠는 이들이 있다는 것을, 진미에 즐거워하고 감탄할 때에는 굶주려서 죽어가는 이들이 있다는 것을, 기쁘고 즐거울 때에는 분노하고 울부짖는 이들이 있다는 것을, 임금의 은혜를 칭송할 때에는 그 무능함에 이를 갈고 저주하는 이들이 있다는 것을 반드시 염두에 두어야 한다는 말입니다.

인仁은 멀리 있지 않습니다. 내 마음 바라보듯 남의 처지를 헤아리는 것이 바로 인이며 서恕인 것이지요!

18

청백리는 가문의 영광으로, 탐관오리는 가문의 수치로 여기는 것이 그대와 나 같은 선비들의 평범한 생각입니다. 하지만 과연 그 럴까요?

이 나라에서 청백리는 실은 족쇄입니다. 청백리는 청렴결백을 소신으로 알고 사는 탓에 평생 가난할 수밖에 없습니다. 사사로운 이익 따위에는 결코 눈을 돌리지 않으니까요. 괴로운 건 가족과 후 손입니다. 명예는 있으나 가진 것이 전혀 없으니 늘 어렵게 살다가 결국에는 뿔뿔이 흩어져 도랑에 나뒹구는 신세가 됩니다.

이 나라에서 탐관오리는 실은 집안의 대들보입니다. 탐관오리 의 유일한 목표는 축재이므로 온갖 가혹한 수단을 다 동원해서 재 물을 거둬들여 좋은 집과 땅을 마련합니다. 가족과 후손이 윤택하 게 사는 것은 당연하고 심지어는 노비의 얼굴에도 잘 먹고 잘사는 티가 납니다. 세력 있는 벗을 사귀고 후한 녹봉을 받으며 나라의 정책을 좌지우지하는 것은 물론이지요. 탐관오리를 처벌하는 법이 있다고 말하지는 마세요. 그대도 짐작하다시피 이때의 법은 그저 이름만 법이니까요.

◈◈ 추신 ◈◈

어젯밤 꿈에 전혀 안면이 없는 사람이 나를 방문했습니다. 형상을 보니 희미한 것이 귀신이었지만 꿈이라서 그랬는지 나는 전혀 놀라지 않았습니다. 그 사람은 음식을 먹은 지가 너무 오래되어서 무작정 찾아왔다고 말했습니다. 나는 그 말을 듣고 곧바로 상을 차렸습니다. 가진 게 없으니 탕국과 나물만 놓은 조촐한 상이었습니다. 그 사람은 음식에 코를 대고 흠향한 다음 꾸벅 인사하고는 연기처럼 사라졌습니다. 일어나서 생각하니 참으로 마음이 아파왔습니다. 청백리의 후손은 살아서도 고생이지만 귀신이 된 후에도 제대로 음식 대접을 받지 못하는 것입니다.

오늘 나는 모르는 이들을 위해 음식을 차리고 제사를 지냈습니다. 법도에 맞는지 맞지 않는지는 모르겠지만 제사를 지내지 않고는 견딜 수 없었기에 탕국과 나물, 그리고 새로 얻은 사과 세 알을 더해 상을 차린 후 그들에게 제사를 지냈습니다.

19

젊은 그대가 먼저 운을 띄워주니 팔십 노인이 마음 놓고 말할 수 있겠습니다. 그대의 말대로 선한 벼슬아치들이 뜻을 펼치지 못하는 것은 붕당이 있기 때문입니다. 붕당에 속한 이들이 사람을 보는 방식은 단순합니다. 자기 당의 사람들은 모두가 관중管仲이나 제갈량諸葛亮 같은 한 시대의 영웅들이고 남의 당 사람들은 모두가 잡아 죽일 천하역적이지요. 견문이 부족한 탓일까요, 당파가 본격적으로 자리를 잡은 이즈음에는 당의 노선에 반대하고 나서는 용기를 지닌 이를 나는 아직 보지 못했습니다. 벼슬아치들이 당의 눈치만 보며 살아야 하는 판국이니 정치가 제대로 될 리가 없고 백성들의 삶이 나아질 리가 없지요. 임진년에 왜란이 일어난 것도 따지고 보면 바로 이 붕당 때문입니다. 동인이니 서인이니 따지지 말고 국경의 형세에 조금만 주의를 기울였다면 왜적이 이 나라를 유린

하는 일은 벌어지지도 않았겠지요.

　당장이라도 붕당 제도를 타파하는 게 나라를 위하는 일이겠지만 그 옛날 당 문종文宗도 황하 이북의 적은 없앨 수 있어도 붕당은 없애기 어렵다고 고백했듯 난마처럼 얽히고설킨 뿌리를 뽑아내기란 결코 쉬운 일은 아니지요. 듣자 하니 요즈음은 탕평당이라는 게 새로 생겼다더군요. 이름은 참 좋으나 그들이 하는 일을 보면 입이 저절로 벌어집니다. 탕평당 사람들은 어느 당에서건 사람을 천거해 올리면 처음에는 무조건 좋다고 하다가 문제가 조금이라도 드러나면 또 무조건 나쁘다고만 합니다. 조정에서 안건을 논의할 때에도 자신들의 의견은 절대 내지 않고 임금의 안색만 살피다가 이것이 잘못되었다 저것이 잘못되었다고만 한답니다. 한마디로 이리저리 우세한 쪽에만 줄을 설 뿐 자신들의 의견이란 없는 이들이지요. 이들이야말로 어떻게 해서든 환심만 사려는 무리들이지 제대로 된 정치를 할 사람들은 아닙니다.

　그렇다면 이 썩은 정치를 타파할 대책이 무엇이냐고 묻고 싶어지겠지요. 농담 반 진담 반으로 이렇게 말하겠습니다. 농사짓는 집안 출신 사람을 벼슬에 앉혀야 합니다!

20

그대의 말대로 농담은 아니지요. 팔십 노인이 또 쓸데없는 소리를 한다는 비아냥거림을 들을까 봐 농담의 이름을 빌렸습니다. 그대가 정색을 했으니 농담 반이라는 말은 취소하겠습니다!

농사짓는 사람을 등용한 사례는 역사서를 조금만 뒤적거려보아도 금방 발견할 수 있습니다. 한나라와 당나라에는 농사짓는 이들 중에서 관리를 선발하는 '역전과'라는 제도가 있어 해마다 약간 명씩 뽑았다고 합니다. 벼슬아치들이 그렇듯 그들 중에는 일을 잘하는 이들도 있었지만 기대만큼은 못한 이들도 있었답니다. 그렇지만 비록 성취가 없더라도 나라에서는 그들에게 칭찬을 아끼지 않았으며 때로는 상까지 내려주었다고 합니다. 농사짓는 백성들이 나라의 근간임을 모두가 명확하게 인식하고 있었기 때문이지요.

도가 널리 퍼졌던 시대에는 미천한 자리에 있다가 눈 밝은 이들에 의해 발탁되어 크게 된 이들이 참으로 많았습니다. 고구려의 을파소乙巴素가 바로 그런 사람이지요. 또 은나라의 임금 조갑祖甲은 임금이 되기 전에 민가에 살면서 농사짓는 이들의 어려움을 마음에 담아두었습니다. 훗날 임금의 자리에 오른 뒤에는 농사짓는 이들을 위한 여러 좋은 정책들을 시행했으며 후손들에게 농부를 결코 잊지 말라는 유언까지 남겼습니다. 을파소와 조갑은 농부들이 온갖 고생을 다해가면서 농사를 지어도 비바람이나 가뭄 한 번이면 한 해 농사를 망치고 떠돌아다니는 신세가 된다는 사실을 잘 알았습니다. 그런 그들이 과연 백성을 괴롭히고 백성의 것을 빼앗는 짓을 아무렇지도 않게 저질렀겠습니까?

다시 말하지만 지금의 벼슬아치들은 농부의 삶과 전혀 관계없는 이들입니다. 말로는 농부들을 이해한다고 하지만 정작 자신이 급해지면 농부의 피를 뽑고 살을 발라먹는 만행을 자신도 모르게 저지르게 됩니다. 그들의 아픔에 대해 머리로만 알지 공감은 전혀 못한 상태였으니까요.

과거에 급제하면 1~2년 정도는 농사부터 짓게 하는 정책이 시행되면 참으로 좋겠습니다. 제 손으로 곡식을 기르는 수고를 거쳐봐야 짐승과 좀을 넘어설 수 있는 법입니다!

21

방 안에 누워서 지나가는 햇빛을 보며 잠깐이라도 시간을 보내는 것이 요 며칠의 바람입니다. 하지만 가혹한 현실은 좀처럼 누워서 쉬는 것을 허락하지 않습니다.

얼마 전인가는 이 나라의 정승이라는 자가 "천하에 어찌 이렇게 인재가 없는가" 하고 한탄을 했다지요. 말 한마디 한마디에 꽃을 매단 뒤 그 아래에다 날카로운 칼날을 숨겨두곤 하는 정치꾼들의 거짓된 행동에는 귀를 막고 입을 닫고 살기로 마음을 단단히 먹었지만 이 어처구니없는 한탄에는 도저히 가만히 있을 수가 없군요.

그대는 어찌 생각합니까? 정말로 이 나라에는 인재가 없는 걸까요?

그렇지 않지요. 인재가 없는 게 아니라 있는데 못 보는 것이지요. 인재가 나타나 능력을 발휘할 수 있도록 제도를 개선하고 여건을 만들어준 후 눈을 크게 뜨고 기다리면 인재는 보이게 되어 있습니다. 옛말에도 있지 않습니까? 과녁을 세워놓으면 화살이 도착하는 법이고, 나무가 울창하면 새가 자리를 잡는 법이고, 심지어 식혜가 상해도 모기는 모이는 법이라고요.

22

그대가 이야기한 것 말고도 사례는 포도송이처럼 참으로 많고
도 많습니다!

구종직丘從直이라는 자가 있었습니다. 오랜 세월 과거 공부에 매
진해 마침내 과거에 합격했습니다. 그러나 구종직은 벼슬을 받지
못했습니다. 성적이 나빠서가 아니었지요. 가문이 한미했던 까닭
에 우선순위에서 밀린 것이지요. 급제는 했으나 임용이 못 되었으
니 그저 기다리면서 시간을 죽이는 게 전부였습니다. 그러던 어느
날 문을 닫은 서원 마당을 걷고 있는데 남자 하나가 다가와 아는
체를 했습니다. 그 사람이 뭘 잘하느냐고 묻기에 《춘추春秋》라면 자
신이 있다고 대답했지요. 그 사람은 자신도 《춘추》를 좋아한다면
서 이것저것을 물었지요. 별로 어려운 질문도 아니었기에 구종직
은 이건 이렇고 저건 저렇고 침을 튀기어가며 상세하게 대답했습

니다. 그 사람은 고개를 여러 번 끄덕이더니 "나중에 봅시다" 하고
는 자리를 떴지요.

다음 날 승정원에 소속된 관원 한 명이 구종직을 찾아와 임명장
을 내밀었습니다. 구종직은 놀라서 입을 다물지 못했습니다. 자신
을 홍문관 수찬에 임명한다는 내용이 적혀 있었기 때문이지요. 떨
리는 정신 줄을 간신히 수습하고 서둘러 입궐한 후에야 일의 전말
을 알 수 있었습니다. 전날 만났던 그 사람은 바로 성종成宗이었던
것이지요. 그런데 궁궐의 분위기는 자못 냉랭했습니다. 매서운 한
기에 몸이 벌벌 떨릴 정도였지요. 삼사의 관원들이 차례로 엎드려
구종직의 이름을 입에 담았습니다. 사람은 달라도 말은 다 똑같았
습니다. 가문도 미천한 저 자를 요직에 둘 수는 없습니다!

그때까지 아무 말도 하지 않았던 성종은 삼사의 관원들에게 환
공桓公 2년조의 기사를 순서대로 외워보라고 했습니다. 지금까지
기세등등했던 관원들이 일순간에 잠잠해졌습니다. 성종은 구종직
에게도 같은 요구를 했습니다. 구종직의 입에서 《춘추》의 내용이
술술 흘러나왔습니다. 의미를 묻는 성종의 질문에도 구종직은 막
힘이 없었습니다. 성종은 관원들에게 이렇게 말했다고 하지요.

"경서를 잘 아는 이가 경연을 맡아서 하는 건 지극히 당연한 도
리가 아니겠는가?"

훗날 구종직은 정2품 정경에까지 이르렀습니다.

반석평潘碩枰은 재상집 종이었습니다. 종치고는 영민했던 반석평을 눈여겨보았던 재상은 어느 날 결단을 내렸습니다. 아들이 없어 고민하던 자신의 친구에게 반석평을 양아들로 삼으라고 제안했습니다. 친구가 승낙하자 반석평에게는 이렇게 말했지요.

"이제 너와 나는 모르는 사이다. 과거는 다 잊고 공부에만 열심을 다하거라."

재상의 안목은 훌륭했습니다. 몇 해 후 반석평은 과거에 급제했고 이후 승승장구하여 재상 자리에까지 올랐습니다.

수레를 타고 출근하던 어느 날이었습니다. 반석평은 갑자기 수레에서 내리더니 지나가던 사람 앞에 무릎을 꿇고 절을 했습니다. 자신에게 자유를 주었던 재상의 아들이었지요. 그 일이 있은 후 반석평은 임금님에게 자신의 과거를 밝히고 처벌을 요청했습니다. 임금님이 어떤 조치를 취했는지는 그대도 잘 알 것입니다. 임금님은 반석평을 처벌하는 대신 반석평의 진가를 일찍부터 알아보았던 눈 밝은 재상의 아들에게 관직을 내렸습니다.

역사서를 들춰보면 미천한 종으로 있다가 입신출세했던 유극량劉克良이나 서기徐起 같은 사람의 이름도 심심치 않게 발견할 수 있습니다. 상진尙震이 조상의 도움은 하나도 받지 않고 오직 본인의 역량으로만 영의정의 자리에까지 올랐다는 이야기를 그대도 들어보았겠지요. 옛 시절에는 지금처럼 오직 문벌에만 의지해서 사람을 쓰지는 않았던 것입니다.

그대는 조금 불편하겠지만 그대들 서인이 성인으로 대접하는 우계 성혼成渾에 대해 한번 생각해봅시다. 우계의 인격이 훌륭했던 것은 사실입니다. 관직에 욕심을 부리지 않고 평생 은거하다시피 하며 도를 닦는 공부에만 매진했던 것도 사실입니다. 그러나 그의 아버지 문정공 성수침成守琛의 존재가 없었더라도 과연 모두들 우계를 추앙했을까요? 율곡 같은 대단한 벗을 두지 않았더라도 모두들 우계를 우러러봤을까요? 나는 이렇게도 생각해봅니다. 아버지와 벗이라는 강력한 보호막을 제거하고 보면 우계가 이룬 성취는 어쩌면 그리 대단한 것은 아니지 않을까요? 그대 당 사람들이 스승으로 받들어 모시는 이들 중 한 명이니 그대의 마음이 편하지 않을 줄은 압니다. 하지만 그래도 묻지 않을 수 없습니다. 그대는 이에 대해 어떻게 생각하는지요?

23

어젯밤에는 묘한 꿈을 꾸었습니다. 팔십 노인인 내가 어처구니 없게도 과거장에 앉아 시험을 보고 있었습니다. 도무지 편하지가 않았습니다. 허리도 아프고 눈도 침침해 버티고 앉아 있는 것 자체가 고역이었지요. 허리를 쭉 펴고 잠깐 고개를 돌려 옆자리를 본 나는 깜짝 놀랐습니다. 내 옆자리에 바로 주희 선생이 앉아 있는 게 아니겠습니까? 아직 젊은 주 선생은 이마를 잔뜩 찡그린 채 답안을 작성하고 있었습니다. 아는 체를 할까 하다가 참았습니다. 나는 주 선생을 잘 알아도 주 선생은 나를 잘 모를 테니까요. 아는 체를 하는 대신 주 선생의 답안지를 몰래 훔쳐보았습니다. 나도 모르게 감탄사를 내뱉었습니다. 구구절절 옳은 말들이었습니다. 글자 하나하나가 잘 벼린 칼날 같았고 달리 보면 향기로운 꽃잎 같았습니다. 아름다우면서도 매서워서 읽는 이의 뼈와 살을 송연하게 만드는 명문 중의 명문이었습니다. 나는 붓을 놓았습니다. 주 선생의 글에 비하면 내 글은 쓰레기였습니다.

붓을 놓자마자 장면이 바뀌었습니다. 나는 어느새 합격자를 알리는 방 앞에 서 있었습니다. 주 선생의 이름부터 찾아보았습니다. 없었습니다. 처음부터 끝까지 눈을 비벼가며 찾았지만 주 선생의 이름은 없었습니다. 어찌된 일인가 싶어 시험관에게 따져 물었습니다. 시험관의 답은 이랬습니다.

"친가와 처가 4대를 통틀어 알 만한 이름이 하나도 없더군."

현달한 조상이 없어서 떨어뜨렸다는 것이었습니다. 시험관은 답이 훌륭한지 그렇지 않은지는 아예 신경도 쓰지 않았습니다. 자격이 되는지 안 되는지가 더 큰 관심사, 아니 유일한 관심사였던 겁니다.

시험관의 등 뒤로 주 선생이 터덜터덜 걸어가는 모습이 보였습니다. 나는 주 선생을 쫓아갔습니다. 그런데 아무리 발걸음을 빨리 놀려도 선생과의 거리는 전혀 좁혀지지 않았습니다. 좁혀지기는커녕 점점 멀어지기만 했습니다. 나는 깊은 한숨을 쉬었고 그 한숨과 함께 잠에서 깨어났습니다. 어떻습니까? 참으로 묘한 꿈이지요?

◇◈추신◇◈

율곡과 퇴계 말고는 학문적인 성취를 인정받을 만한 이가 없다는 그대의 말이

어떤 맥락에서 나왔는지는 알겠으나 심히 과격합니다! 부디 다른 자리에서는

입에 담지 말기 바랍니다.

24

그대가 보낸 짧은 편지를 읽고 깜짝 놀랐습니다. 그대는 이렇게 썼지요.

과거란 원래 문장의 아름다움과 추함을 가려내는 것입니다. 그런데 아름다움과 추함은 합격 여부와 전혀 관계가 없지요.

제가 직접 들은 것은 아니지만 선친께서는 일찍이 이렇게 말씀 하셨다고 합니다.

"세상에는 서로 전혀 관계없는 것이 세 가지가 있다. 문장의 미 추는 과거 시험의 합격 여부와 전혀 관계가 없으며, 재능과 덕의 우열은 관직을 얻는 일과 전혀 관계가 없으며, 사리의 옳고 그름은 재판 결과와 전혀 관계가 없다."

그대가 우리 집안에만 전해져 내려오는 선친의 말을 들었을 리는 없겠지요. 우연치고는 이 또한 묘한 일입니다.

25

요즈음에는 나라에 경사가 있을 때마다 과거 시험을 선물보따리처럼 베푸니 따져보면 거의 해마다 한 번은 있는 듯합니다. 경위야 어찌 되었건 나라에 도움이 될 이들을 뽑는 자리이니 시급한 현안을 문제로 내면 좋을 텐데 오직 시부詩賦만으로 재주를 비교하는 까닭을 나는 통 모르겠습니다. 물론 그보다 더 큰 문제는 합격자가 천만 명 중에 한두 사람뿐이라는 사실이겠지요. 합격자 대부분이 서울에 거주하는 이들이며 그중 태반은 역시 경화세족의 자손이라는 것도 알 만한 사람은 다 아는 사실이고요. 먼 지방에 사는 사람이 1,000리가 넘는 길을 오가느라 발바닥이 부풀도록 온갖 고생만 하고 합격하지 못하니, 이것이 어찌 그들의 마음을 위로하고 기쁘게 하는 일이 되겠습니까? 이래서야 나라의 경사가 백성들에게는 울화의 원인이 되는 건 아닌지 심히 염려스럽습니다. 이러한 제도가 옳지 못하다는 건 여자와 아이들도 다 아는 바입니다. 그런데도 문벌 있는 집의 자제들은 글 읽기는 원하지 않으면서 요행만 바라는 것이 습관이 되었고, 떼를 지어 다니면서 여기저기 청탁을 하면 결국엔 정승도 은근슬쩍 거들어주니, 먼 지방 사람에게 이보다 더한 학정은 없습니다.

과거 시험이 자주 있다 보니 사람들은 글 읽을 겨를도 없이 그저 미친 듯이 시험장으로 몰려다닐 뿐 실천하는 것에는 아예 눈을 감고 있습니다. 3년마다 보는 정규 과거 시험 또한 마찬가지입니다. 오직 읽고 외우는 것만 숭상하는 데다가 졸렬한 선비에게 과거를 주관하게 하니, 설령 합격자가 벼슬길에 나간들 나라에 도대체 무슨 도움이 되겠습니까? 어리석고 용렬한 성품은 접어두고라도 경전에 대한 기초 독해도 부족한 판이니 어찌 그 깊은 뜻을 제대로 논의할 수나 있겠습니까?

나는 이따위 엉터리 과거는 모두 없애버려야 한다고 생각합니다. 그러나 지금 세상에서 선발의 권한은 오직 정승에게 달려 있지요. 정승이란 자들이 위엄과 냉정을 지키지 못하고 자제에게 얽매이고 친구에게 흔들리니 이 폐단은 결코 개혁될 리가 없습니다.

그대를 믿고 말하겠습니다. 내가 생각한 개선책이 한 가지 있습니다. 나라에 비상사태가 일어났을 때 임금이 신하들에게 묻는 것과 같은 중요하고 시급한 질문을 온 나라 선비들에게 던지는 것입니다. 각 지역의 선비들이 의견을 개진하면 관찰사는 그 글들을 봉해서 임금에게 올립니다. 임금은 학식 있는 이에게 명령하여 쓸 만한 글을 뽑도록 하고 그렇게 뽑은 사람들은 불러 올려 궁궐 뜰에 모이게 합니다.

그런 뒤 임금은 그들에게 여러 가지 질문을 던집니다. 전에 했던 질문을 더 자세히 묻기도 하고, 완전히 새로운 질문을 퍼붓기도 하며, 여러 문제를 섞어서 문제를 내보기도 합니다. 선비들은 이러한 질문들에 대한 답변을 작성합니다. 3일 동안 이 과정을 반복합니다. 즉 선비 한 사람이 총 세 장의 답안을 제출하게 되는 것이지요. 이 답안으로 쓸 만한 사람을 가려내는 것인데 선발 인원은 미리 정해놓지 않고 답안의 수준에 따라 때론 많이, 때론 적게 뽑습니다.

세 답안의 편차는 당연히 있을 것입니다. 그런데 세 답안 모두 수준에 크게 미달하는 선비가 있을 수 있습니다. 이런 자는 남의 손을 빌려서 답안을 낸 자가 분명하니 유생 명단에서 아예 삭제를 해서 영원히 선비 행세를 하지 못하도록 해야 합니다.

이런 방식으로 시험을 치르고 합격자를 선발하면 지식이 없고 재주가 부족한 자는 처음부터 감히 과거를 보려는 생각을 하지도 않을 것이며 뽑힌 자는 현직에서 곧바로 능력을 발휘할 것입니다.

문벌을 따지지 않고 실력으로만 선발했으니 성인들의 뜻에도 부합하겠지요.

26

정암 조광조趙光祖 선생 때의 일입니다. 당시의 현안에 대해 임금이 물었지만 제대로 답하는 유생이 하나도 없었습니다. 선생이 그 모습을 보고 깊이 한탄했다고 합니다. 하긴, 이를 유생의 잘못으로 돌릴 수는 없겠지요. 그들의 마음은 현실과는 관계도 없는 과거 시험용 글을 공부하느라 이미 병들 대로 병들었으니까요.

◇◇ 추신 ◇◇

그대는 내가 그대에게 과거 시험을 보지 말라고 하는 말이 아님을 알아야 합니다. 그대 정도의 식견을 가진 이는 반드시 나라를 위해 나서야 합니다. 이 나라의 권력이 그대 당의 사람에게 있다는 사실을 알면서도 한때 내가 출사하려고 했고, 내 아들과 손자에게도 과거 시험을 권한 이유이기도 합니다. 그대는 이 점에 대해 깊이 생각해보기 바랍니다.

27

그대는 전림田霖 같은 매서운 벼슬아치가 지금은 왜 없는지 모르겠다고 한탄을 했군요. 일세를 풍미했던 기인 전림을 그대도 알고 있을 줄은 몰랐습니다. 그대는 항상 내 예상을 벗어나는 기이한 지점을 건드리는군요!

전림을 말하면서 납작 집을 언급하지 않을 도리는 없습니다. 장수로서 많은 공을 세웠던 전림이 한성판윤에 있을 때의 일입니다. 전림이 말을 타고 가다 연산군燕山君의 아우 회산군 이염李恬의 집을 살폈습니다. 증축하는 중이라 인부들이 바쁘게 손을 놀리고 있었지요. 전림은 말에서 내려 공사 책임자를 불러 이렇게 말했습니다.

"법에 정해진 것보다 집이 넓고 크다."

공사 책임자는 이 집이 누구의 집인 줄 아느냐고 물었고 전림은 같은 말을 반복했습니다. 공사 책임자가 회산군이라는 이름을 자랑스레 들먹이자 전림은 이렇게 말했지요.

"나는 법을 말하는데 너는 왜 이름을 들먹이는 것이냐?"

그날 오후 전림이 다시 나타나자 공사 책임자는 잽싸게 달려와 엎드렸습니다.

"몰라 뵈어서 죄송합니다. 정해진 것보다 많이 지은 것은 이미 헐었고, 긴 것은 잘랐습니다."

전림은 어떻게 했을까요? 죄를 지었으나 서둘러 고쳤으니 관용을 베풀겠다는 말을 남기고는 다시 말에 올랐답니다.

진나라의 장수이자 학자였던 두예杜預는 군대에 머물고 있으면서도 늘 도성의 관리들에게 크고 작은 선물을 보냈습니다. 누군가 그 이유를 묻자 이렇게 답했습니다.

"내 이익을 탐해서가 아니라네. 저들이 방해할까 그게 두려워서라네."

충무공 이순신李舜臣 또한 전쟁 중임에도 불구하고 수시로 공인들을 불러 부채를 만들게 했습니다. 서울의 관리들에게 보내는 선물이었지요. 이에 대해 충무공이 직접 설명하지는 않았지만 두예의 경우와 크게 다르지는 않을 것입니다. 내 짧은 식견을 보태어 말하자면 미천한 자가 공을 세우면 유독 시기하고 질투하는 인심의 추이를 제대로 읽고 있었기 때문이라고 하겠습니다. 그랬음에도 형벌과 귀양을 아주 면하지는 못했지만 말입니다.

두예와 충무공의 사례는 지금 우리가 사는 이 나라에 전림 같은 이가 없는 이유를 잘 알려줍니다. 오직 법만을 두려워했던 전림도 지금 이 시대에 살고 있다면 하루 종일 부채를 만들고 선물을 준비하느라 몹시도 바빴겠지요!

◇◇ 추신 ◇◇

《주자어류朱子語類》를 다시 보니 이런 내용이 있더군요.

과거 시험을 시행하기 3년 전에 어떤 경서와 사서로 시험을 볼 것인지를 세상에 널리 알린다. 시험을 치를 때 답안은 600자 안쪽에서 적게 한다. 이렇게 되면 20년 후에는 분명 인재가 배출될 것이다. 그런데 지금의 시험은 어떠한가? 시험을 주관하는 자들은 어려운 문제를 고르는 데만 힘을 쓴다. 그러다 보니 과거에 응시하는 이들은 경서와 사서에 신경을 쓰는 게 아니라 어디서 나온 문제인지를 찾아내는 데에 집중을 한다. 그러다 보면 정신이 피폐해지고 어떻게 공부해야 할지를 아예 모르게 되는 것이다.

28

판서 이무李袤가 서얼 채용 금지에 대해 상소를 올렸습니다. 읽어볼 만한 글이기에 길게 인용해 보냅니다.

임금은 모두를 평등하게 사랑해야 하는 법입니다. 천하건 귀하건 모두가 임금의 백성이기 때문이지요. 하지만 현실은 그렇지 않아서 적서의 차별이 엄연합니다. 이는 옳지 않습니다. 비유를 해볼까요? 여러 아들을 둔 부모가 힘이 센 아들이 약한 아들을 괴롭히는데도 혼내지도 않을 뿐 아니라 도리어 힘센 아들 편을 들고 약한 아들을 나무라는 격입니다. 뻐꾸기조차도 여러 새끼들을 고루 사랑하는데 하물며 한 나라의 임금은 어찌해야 하겠습니까? 이름난 집안과 한미한 가문을 막론하고 백성은 다 같은 백성입니다. 그런데 지금의 판국은 강한 백성을 이용해 약한 백성을 벌주는 상황이니 이른바 약육강식의 참상이 벌어지고 있는 것입니다.

어떤 이는 서얼 차별은 예전부터 바뀌지 않고 내려온 제도라고 아는 체를 하며 말합니다. 그들이 정말로 그렇게 믿는다고 여겨서는 안 됩니다. 선조宣祖조에 이르러 소통을 허가했으며 인조仁祖조에는 호조, 형조, 공조의 벼슬을 하도록 허가했다는 사실을 그들은 잘 알고 있으면서도 일부러 모른 체하는 것입니다. 《주역周易》에 이르기를 궁하면 변하고 변하면 통한다고 했습니다. 지금은 궁함이 극도에 달한 시기입니다. 그러므로 바로 지금이 변해야 할 때입니다.

조금 더 설명이 필요한 부분이 있을 듯합니다. 선조 때를 말한 건 신유申濡를 포함한 1,600명이 서얼 차별 금지를 호소하는 상소를 올렸기 때문입니다. 선조의 대답은 이러했지요.

"해바라기가 해를 향한다는 건 누구나 아는 사실인데 이는 곁가지 또한 마찬가지다. 신하가 되어 충성하고자 하는 마음이 어찌 정실부인의 아들뿐이겠느냐?"

율곡 이이가 서얼도 곡식을 바치면 과거를 볼 수 있게 한 제도를 마련해 시행한 것은 선조의 마음이 위와 같았기 때문이겠지요. 물론 봉상시나 교서관 같은 청요직과는 거리가 먼 자리만 가능했다는 것은 제도의 한계였습니다.

인조 때에는 허용하는 관직의 범위가 호조, 형조, 공조의 낭관까지 확대되었지요. 하지만 실제로 서얼들이 삼조의 벼슬을 얻은 경우는 거의 없습니다. 존재만 했을 뿐 실행한 적이 없으니 사문화된 법이나 마찬가지였지요.

내 좁은 식견으로 말하면 서얼 차별은 역사서에서도 사례를 찾기 어려운 일입니다. 부도덕함으로 치면 재혼한 여자의 경우가 훨씬 심하다는 것은 그대도 인정할 것입니다. 그런데 서얼의 경우는 백대가 지나도 임용이 불가능한 반면 재혼한 여자의 후손은 삼대가 지나면 아무 문제없이 관리가 될 수 있습니다. 이것은 심해도 너무 심한 것이 아니겠습니까?

말이 나온 김에 하나 더 보태자면 나는 왕씨 성을 가진 자들도 중용해야 한다고 생각합니다. 그들에게 과연 무슨 죄가 있기에 수백 년 동안 앞길을 막고 있는지 모르겠습니다. 나는 그들이 전 왕조를 여전히 그리워하고 있다고 믿지 않습니다. 서얼이 임금의 백성이듯 왕씨 또한 임금이 품에 안아야 할 자들입니다.

내 마음 깊이 품어오던 생각 하나를 더 밝히자면 나는 노비들이 과거 시험을 보는 것도 허락해야 한다고 생각합니다. 그 방법에 대해서는 나중에 다시 밝힐 기회가 있을 것입니다. 우선은 이렇게만 말하겠습니다. 정말로 품은 재주가 뛰어나다면 노비들을 벼슬에 등용하는 게 뭐가 문제가 되겠습니까?

다시 말합니다. 이 나라에 인재가 없는 게 아닙니다. 다만 눈을 가리고 귀를 막고 그들을 보지 않으려, 들으려 하지 않을 뿐이지요.

◇◈ 추신 ◈◇

왜인들로부터 울릉도를 지켜낸 안용복安龍福의 이름을 그대는 들어보았을 것입니다. 내 생각에 안용복은 영웅호걸입니다. 미천한 군졸이었던 그가 죽음을 무릅쓴 덕분에 한 고을의 토지를 회복했고 여러 대 동안 끌어온 분쟁을 끝낼 수 있었습니다. 그런데 이 나라에서는 안용복에게 어떻게 했습니까? 처음에는 사형을 내렸다가 나중에는 귀양을 보내 그를 꺾어버리는 일에 온 힘을 다했으니 참으로 애통한 일입니다. 안용복 같은 사람은 벌을 줄 것이 아니라 장군으로 임명을 했어야 합니다. 그랬다면 그는 울릉도를 지켜낸 것보다 더한 일을 하고도 남았을 것입니다.

29

어제 나를 찾아온 중년의 시인에게서 뜻밖의 말을 들었습니다. 한쪽 다리를 저는 그 시인과 밤이 깊도록 이야기를 나누던 중 갑자기 튀어나온 말이었지요. 시인은 그대 조부의 이름을 언급하더군요. 그대 조부께서 자신을 속량해준 덕분에 시인이 될 수 있었다고요.

아무래도 내가 그대와 그대 가문에 대해서는 제대로 알고 있지 못했던 것 같습니다. 그대는 단순한 서인 경화세족의 자손은 아니었군요. 경의, 그리고 오해에 대한 사죄를 담아 이 편지를 보냅니다.

30

그대의 편지를 받고 한참을 웃었습니다. 내가 말한 그 시인이 아직도 그대의 집을 자주 찾으며 방문할 때마다 밥을 달라 술을 달라 떠들어대고 행패를 부리는지 나는 전혀 몰랐습니다. 그대의 부친께서 그런 시인을 혼쭐내기는커녕 시 한 편 선물받는 대가로 밥과 술을 무한 제공하는 줄도 전혀 몰랐습니다. 교우치곤 진기한 교우입니다. 하긴 그대와 내가 주고받는 교우도 일반적이라 말하기는 어렵겠지요!

노비 출신 시인 이야기가 나온 김에 이 나라의 노비 세습 제도에 대해 짚고 넘어가는 게 좋겠습니다. 그대도 알다시피 노비의 신분은 어머니를 따르도록 되어 있습니다. 천한 노비일 경우 어머니는 확실해도 아버지는 그렇지 않기 때문이지요. 노비의 신분을 규정하는 법은 참으로 엄격합니다. 한번 노비가 되면 십 대가 지나건 백 대가 지나건 노비입니다. 세월이 흐르고 또 흘러서 존재조차 막연해진 노비 신분의 어머니 한 명 때문에 그 자손들 모두가 노비가 되는 것입니다. 이 또한 가혹한 일인데 요즈음은 아버지가 노비고 어머니가 양인이면 그 자식은 무조건 노비가 되는 종부법까지 추가로 적용되고 있습니다. 부모는 물론 조부모, 고조부모 중 단 한 사람만 노비여도 자손들은 무조건 노비가 되는 것이지요. 이러니 노비의 숫자는 줄기는커녕 해마다 늘고 있는 것입니다. 부유한 집은 해마다 노비가 늘어 수백 명의 노비를 거느리게 되는 상황까지 생기고 있습니다.

풀어야 할 문제가 여름 잡초처럼 많기는 하나 우선은 노비의 숫자를 제한하는 것부터 시작하는 게 어떨까 합니다. 사노비의 경우는 한 집에서 부릴 수 있는 노비를 100명으로 제한하는 것이지요. 주인이 고른 100명을 제외한 노비는 돈을 받고 풀어줍니다. 보통의 노비에게 돈이 있을 리 없겠지요. 그러므로 속량하는 가격은 무겁지 않게 정하되 당장 낼 수 없을 경우엔 관에서 대신 내주거나 몇 년의 유예를 줍니다. 공노비 또한 일정한 숫자만 남기고 나머지는 양인으로 전환을 해줍니다.

또 다른 방법은 전에 편지에서 잠깐 언급했듯 노비도 과거 시험을 볼 수 있게 하는 겁니다. 시험에 합격한 이들은 역시 돈을 내고 양인이 되게 해주는 것이지요. 그들의 재주가 경서를 읽는 데 있는 이상 그 재주를 살리는 게 나라를 위해서도 도움이 되니까요.

팔십 노인의 우매한 망상이라 또다시 비웃을지 모르겠습니다. 일찍이 도연명陶淵明은 이렇게 말했습니다. 노비도 우리와 같은 사람이니 잘해주는 것이 당연하다고요.

도의 실천은 멀리 있지 않습니다. 당연한 것을 당연하게 받아들이는 것도 일종의 훌륭한 실천이지요. 그대는 이에 대해 어떻게 생각하는지요?

31

　그대의 답장에 노비의 게으름을 책망하는 느낌을 풍기는 구절
이 있더군요. 젊은 나이를 감안해도 워낙 부지런한 그대라 노비의
숫자를 줄이는 것에는 찬성한다고 썼으면서도 노비들의 미흡한
점에 대해서는 그냥 넘어가지 못했던 것이겠지요. 내 생각은 밝히
고 넘어가는 게 좋겠다 싶어 이 편지를 씁니다.

　옛사람은 자기 일에 부지런하고 남의 일에 게으른 것은 누구나
마찬가지라고 대범하게 전제를 단 후 이렇게 말했습니다.

　노비는 젊어서부터 늙을 때까지 매일 하는 일이 다 남의 일이다. 그
러니 어찌 전심전력을 다할 수 있겠느냐? 게으르다 화부터 내지 말
고 그들의 처지를 한번 헤아려보기 바란다. 네가 그들이라면 너는 과
연 어떻게 했겠느냐?

그대는 노비가 마른 밥도 잘 먹는 이유를 알고 있습니까? 늘 굶주리고 살아서 거친 밥에도 체하는 법이 없기 때문입니다.

　　그대는 노비가 눕자마자 잠드는 이유를 알고 있습니까? 피곤이 몸에 잔뜩 쌓여 있기 때문입니다.

　　그대는 노비가 옷을 제대로 입지 못하는 이유를 알고 있습니까? 할 일이 많아서 옷차림에 신경 쓸 여유가 없기 때문입니다.

　　노비 문제 또한 핵심은 역시 나의 마음으로 그들을 헤아리는 서恕겠지요. 오늘 편지는 이만 줄이겠습니다.

32

왜란이 일어나자 궁궐과 관청들이 불에 탔습니다. 왜적들의 짓이 아닙니다. 곤경에 빠진 백성들이 불을 질렀습니다. 가장 먼저 불에 탄 관청은 바로 장예원입니다. 노비 문서가 보관되어 있던 관청이지요. 고려 시대에도 비슷한 일이 있었다더군요. 세월이 흘렀어도 어떤 것은 전혀 변하지 않았습니다. 불을 지른 노비의 편을 드는 건 아니지만 그들의 불만을 나는 어느 정도는 이해합니다.

33

며칠 전 일찍 세상을 떠난 노비의 무덤을 찾아가 제사를 지냈습니다. 돌봐주는 이가 없어 잡초가 무성하고 봉분이 허물어지고 있는 것을 오가며 봐왔어도 도통 실행에 옮길 엄두를 못 내다가 마침내 작심하고 집을 나섰습니다. 벌초하고 봉분에 흙을 덮어주고 그 김에 제사까지 지낸 것이지요. 봉분 위에 술을 한 잔 뿌려주고는 무덤가에 앉아 이런저런 생각을 해보았습니다.

이 나라에서 주인과 노비의 의리는 임금과 신하의 의리에 비교할 수 있을 정도입니다. 후자의 경우는 설명하기 어렵지 않습니다. 임금은 신하에게 벼슬을 주어 귀하게 만들고 녹봉을 지급해 생계 문제도 해결해줍니다. 신하가 임금의 은혜에 보답하겠다는 마음을 먹는 것은 당연한 일입니다. 주인과 노비의 의리는 어떤가요? 주인은 노비에게 그 어떤 대가도 지급하지 않으면서 온갖 험한 일을 다 시킵니다. 노비가 잘하는 것에 대해서는 당연히 여겨 아무 말도 하지 않지만 노비가 실수라도 하는 날이면 눈알을 부라리며 온갖 형벌을 다 가합니다. 신하는 자발적으로 임금을 찾아온 것입니다. 그러나 노비에겐 주인을 선택할 수 있는 권한이 없습니다. 신하가 세상을 떠나면 임금은 직접 조문을 가거나 사람을 대신 보내 조의를 표하지만 노비가 죽으면 그걸로 끝입니다. 신하가 임금을 섬기는 방법은 계획을 세우거나 시간을 아껴가며 바삐 일을 하는 것에 지나지 않지만 노비는 주인의 명령이면 진흙 구덩이는 물론이고 깊은 물속, 시뻘건 불 속에도 들어가야 합니다. 이런 상황인데도 의리를 운운하니 노비의 입장에서 주인이란 사실은 원수나 마찬가지이지요.

남들이 들으면 비웃을 만한 말과 행동인지도 모르겠습니다. 그래도 나는 그대에게 꼭 한번은 말하고 싶었고, 꼭 한번은 노비를 위해 제사를 지내고 싶었습니다.

34

그대의 집에 도둑이 들었군요. 이즈음 도둑이 많이 늘었다는 소문이 거짓이 아님을 알겠습니다. 한동안 내가 사는 이 궁벽한 마을에도 도둑이 꽤 많았었지요. 잃어버린 물건도 얼마 되지 않고 허둥대다 넘어진 이 말고는 크게 다친 이도 없다고 하니 그나마 불행 중 다행이라 할 만합니다. 집안을 뒤집어놓은 도둑 때문에 놀라고 화가 났을 텐데도 그대는 이렇게 적었군요.

어렵사리 도둑질하러 들어와서 별로 훔쳐가지도 못했으니 초보 도둑이었던 모양입니다. 차라리 마음껏 훔쳐갔으면 좋았을 것을. 조만간 다른 집을 털 게 더 염려가 됩니다.

그대다운 생각입니다. 환란 중에도 나보다 남을 더 염려하는 그대의 따뜻한 마음이 엿보여서 나도 모르게 입술에 살며시 웃음을 머금었답니다. 가끔 그대는 나보다도 더 세상 보는 눈이 따뜻합니다.

이미 훌륭한 마음가짐이지만 그래도 그대에게만은 한 걸음 더 나아가보라는 제안을 하고 싶습니다. 무슨 말인가 하면 이웃을 염려하듯 도둑에게도 마음을 나누어보라는 말을 하고 싶은 것이지요. 붙잡아서 곤장이라도 치고 싶은 마당에 무슨 마음 타령이냐고요? 엉뚱한 소리 같지만 실은 아주 엉뚱한 소리는 아니랍니다.

내 생각에 도둑은 사람의 피를 빨아먹고 사는 이와 같습니다. 이가 우리의 몸을 불편하게 만들듯 도둑은 우리의 마음을 괴롭히고 재산을 훔쳐갑니다. 이와 도둑이 똑같다는 논리가 도무지 이해가 안 된다고요? 자, 우리 한번 이의 입장에서 생각해봅시다. 이가 과연 사람을 불편하게 만들 목적으로 피를 빨아먹는 것일까요? 그렇지는 않을 것입니다. 피를 빨아먹지 않고는 살아갈 도리가 없기에 그러는 것이겠지요. 도둑 또한 마찬가지입니다. 추위와 배고픔에 시달린 나머지 도둑이 되어 남의 물건을 훔치기에 이른 것이지요. 아, 물론 도둑에게 죄가 전혀 없다는 건 아닙니다. 도둑을 잡지 말자고 주장하는 것도 아닙니다. 다만 흔히 말하는 좀도둑에게는 동정의 여지가 분명히 있다는 것이지요.

또 한 가지 그대와 내가 잊지 말아야 할 것이 있습니다. 누우면 등이 따뜻한 공간이 있고 부족함 없이 먹을 수 있어 배가 부른 이도 도둑질을 할까요? 그렇지 않을 겁니다. 백성의 가난은 나라를 다스리는 이들이 해결해야 할 문제입니다. 그러므로 도둑이 출몰하는 것은 나라를 잘못 다스리고 있다는 명확한 증거인 셈이지요. 물론 그대와 나 또한 책임을 져야 합니다. 선비가 하루 종일 방 안에만 앉아 책을 읽는 건 남아도는 시간을 보내기 위한 수작이 아니라 세상을 조금이라도 더 나은 곳으로 만들기 위함이니까요. 다시 말하지만 세상이 어려워지는 건 우리 같은 선비들의 잘못입니다!

35

태평한 세상에도 도둑은 있다는 반론이 그대의 진심은 아닌 줄 압니다. 그저 내가 지나치게 도둑의 편에 서서 변호하는 게 그대의 올곧은 심기를 살짝 불편하게 만든 것이겠지요. 나는 그대에게 분명히 말합니다. 내가 세상 모든 도둑의 편을 드는 건 절대 아닙니다. 이 나라에는 내가 절대 용서할 수 없는 도둑도 분명히 있습니다!

재물을 유독 탐내는 벼슬아치들이 이 나라 곳곳에 자리 잡고 있다는 것은 더 설명할 필요도 없겠지요. 그들은 나라에서 요구한 것 이상으로 재물을 거둬들여서 자기의 주머니를 배불리 채웁니다. 백성은 배부르기를 원하는데 굶주리게 하고, 따뜻하고자 하는데 얼어 죽도록 만들고, 살고자 하는데 구렁텅이에 몰아넣으니 이들이야말로 진짜 도둑들이지요. 하지만 수탈하는 자들은 또 다른 부류에 비하면 작은 도둑에 지나지 않습니다. 진짜 큰 도둑들은 법을 들먹이는 이들입니다. 법에 의거해서 일을 진행한다고 뻔뻔하게 말하는 이들입니다. 수탈은 한때에 그치지지만 법은 늘 존재하는 것이어서 피하려야 피할 방법이 없습니다!

집을 튼튼하게 하려면 기초를 올바로 세워야 하고 풀을 자라게 하려면 뿌리에 물을 주어야 하는 법입니다. 기초가 허술하면 집이 무너지고 뿌리가 마르면 잎이 병드는 것이지요. 나라를 세운다는 명목하에 도리어 백성을 갈취하는 나라가 뒤집어지지 않을 이유는 없습니다.

◇◇ 추신 ◇◇

호랑이가 자주 출몰하고 있다고 합니다. 내가 사는 마을의 주민들 또한 두려움에 떨고 있습니다. 예전에 육십 먹은 노인 산지기가 있었다고 합니다. 이 노인은 총으로도 호랑이를 죽이고 창으로도 호랑이를 죽였습니다. 그런데 호랑이를 많이 잡을수록 포상은 점점 줄어들었고 심지어 노인은 호랑이 가죽조차 갖지 못했습니다. 노인은 호랑이 잡기를 포기했고 호랑이로 인해 피해를 보는 이가 크게 늘었지요. 호랑이 잡는 법 하나로도 나라의 도를 알 수 있습니다. 조정에서 제대로 된 기준을 마련하고 시행한다면 호랑이의 머리를 치고 수염을 뽑으려는 자들이 속속 나타날 것입니다. 향기로운 미끼 아래에는 반드시 죽은 고기가 있는 법이니까요.

36

법을 인용한 의미를 그대가 제대로 이해하지 못하고 있는 것 같으니 예를 들어보겠습니다. 환곡이 가장 좋겠습니다. 그대도 잘 알다시피 환곡은 식량이 귀한 봄철에 나라에서 곡식을 빌려주고 가을에 돌려받는 제도입니다. 순수하게 백성을 구휼하기 위한 제도였지 이윤을 얻기 위한 수단은 아니었다는 뜻입니다. 그러나 지금 시행되고 있는 환곡 제도를 보면 이것이 과연 굶주리는 백성을 위한 제도인지 나라의 재정을 확보하기 위한 제도인지 의심하지 않을 수 없습니다.

모곡이 좋은 예입니다. 모곡은 봄에 곡식을 빌려줄 때 미리 1할을 떼어내고 주는 것을 말합니다. 환곡 제도를 운영하면서 드는 여러 비용을 충당하기 위한 명목이라고—창고가 부실하여 쥐가 곡식을 갉아 먹기 때문이라는 웃지 못할 이유도 있지요—설명하지만 나는 도무지 이해할 수가 없습니다. 나라가 굶주리는 백성을 돕는 것은 선택이 아니라 의무입니다. 백성을 먹여 살릴 수 없는 나라는 존재할 필요조차 없다는 뜻입니다. 국가가 해야 할 기본적인 일을 하면서 그 비용을 백성들에게서 뜯어내다니, 그것도 나라의 재정이 풍족해질 정도로 넉넉하고 여유롭게 뜯어내다니 이게 과연 상식에 부합하는 일일까요?

유감스럽게도 백성이 부담하는 비용은 모곡이 전부가 아닙니다. 백성들에게 곡식을 줄 때 사용하는 됫박과 곡식을 돌려받을 때 사용하는 됫박의 크기는 똑같지가 않습니다. 어떤 됫박의 크기가 더 클지는 그대의 상상에 맡기겠습니다. 하지만 모곡과 됫박의 농간으로도 법의 수탈은 아직 끝나지 않았습니다. 백성들에게 썩은 쌀을 빌려주는 경우도 다반사입니다. 환곡은 실은 거의 강제나 마찬가지여서 받기 싫다고 거부하려 해도 거부할 수 없으니 울며 겨자 먹기인 것이지요. 곡식을 한 번 빌리는 것으로 이미 많은 손해를 보았지만 내야 할 비용은 또 있습니다. 백성들은 곡식을 운반할 때 드는 비용과 마당에 떨어져 버려지는 곡식의 비용까지 다 책임을 져야 했지요. 이러저러한 비용들을 다 계산해보면 받은 곡식의 절반에 해당하는 비용을 추가로 부담해야 하는 셈입니다. 넉넉히 주고 박하게 받는다는 옛말이 딱 들어맞는 상황이니 어찌 백성이 굶주리지 않을 수가 있겠습니까?

백성들이 겪는 어려움을 예리한 시선으로 관찰했던 소동파蘇東坡는 이러한 상소를 올렸습니다.

노인들은 풍년이 흉년보다 오히려 못하다고들 합니다. 흉년이 들었을 때에는 이것저것 조금씩 절약하면 죽지 않고 살 수 있다고 합니다. 그런데 풍년이 들었을 때에는 서리들이 어서 빚을 갚으라고 독촉하고 심지어는 매질까지 해대니 차라리 죽는 게 더 낫다는 생각까지 든다고 합니다. 노인들은 죽는 것도 마음대로 할 수 없다고 탄식하며 눈물을 흘렸습니다. 신 또한 자신도 모르게 눈물을 흘리고 말았습니다. 일찍이 공자께서는 가혹한 정치는 호랑이보다도 더 사납다고 하셨습니다. 홍수와 가뭄이 사람을 죽이는 건 호랑이보다 백배는 심합니다. 하지만 빚 독촉하는 서리는 홍수와 가뭄보다 훨씬 더 나쁩니다.

나 역시 이 글을 읽고 눈물을 흘리지 않을 수 없었습니다. 다시 말합니다. 구휼한다는 달콤한 말로 백성을 유혹한 후 빚을 잔뜩 안기며 자신의 이익만 채우는 나라가 과연 제대로 된 나라이겠습니까?

욕망을 채우느라 일상의 행복을 잃어버린 사람들에게

－욕심을 버리지 못하면 마음의 허기는 채워지지 않는다

맛있는 음식, 귀한 물건 등 크고 강력한 만족을 주는 것에 매달리면 행복해지기 어렵다. 재물은 한정되어 있어서 원하는 만큼 무한정 만족을 얻는 것은 애당초 불가능하기 때문이다. 욕심은 몸을 둔하게 하고 마음을 강퍅하게 만든다.

－어렵게 사는 사람들을 먼저 생각하라

나보다 나은 자들을 보며 한숨 쉬고 부러워하지 마라. 세상 대부분을 차지하고 있는 나보다 못한 사람들을 생각하며 가슴 아파할 줄 알아야 한다. 보이지 않는 곳에서도 땀 흘려 곡식을 생산하는 사람들을 떠올리며 감사하라.

－세상이 말하는 성공의 기준에 따르지 않아도 길을 찾을 수 있다

뛰어난 학자였던 이익도 현실에 부딪혀 자신의 뜻을 펼치지 못했다. 그러나 그에 절망하지 않고 사회가 올바른 방향으로 나아가는 데 보탬이 되고자 평생을 공부하며 여러 개혁론을 제시했다. 권력이나 부, 명예에 집착하지 말고 자신의 자리에서 할 수 있는 일을 찾아라.

제2장

더불어
산다는
것

37

사흘 동안 내내 비가 내리더니 오늘에야 비로소 그치고 무지개가 보기 좋게 떴습니다. 무지개가 멈춰 서서 물을 마신다는 옛말이 있는데, 내 경험으로 보면 꼭 그렇지는 않은 것 같습니다. 젖은 구름이 앞에 있을 때 해를 등지고 바라보면 무지개가 보입니다. 습기가 멀고 가까운 데에 따라서 무지개가 멀어지거나 가까워집니다. 사람이 한 걸음 전진하면 무지개는 한 걸음 멀어집니다. 그러므로 무지개는 한곳에 자리 잡고 있는 것이 아니지요! 설령 무지개가 물을 마시더라도 그것은 일시적인 이변일 것입니다. 어찌 무지개가 일정한 위치에서 물을 마셔서 주변의 물을 말릴 수 있겠습니까?

주희 선생도 무지개에 대해 말한 적이 있지요. 무지개는 엷은 비에 해가 비춰서 만들어지는 것이며 형체가 있어 물도 마시고 술도 마실 수 있다고도 했지요. 성현의 말씀이기는 하나 이해하기가 쉽지는 않습니다. 물을 마실 수 있는 것으로 짐작해 보건데 창자도 있는 게 분명하다고 하신 말씀은 더더욱 이해하기 어렵습니다!

38

주 선생이 무지개에 대해서만큼은 전문가가 아니었던 모양이라는 그대의 답변이 재미있습니다. 주 선생의 말이라면 무조건 옳다고 믿는 그대의 스승들과 그대는 참으로 다릅니다. 그렇기에 우리가 벗이 되어 편지를 주고받을 수 있는 것이겠지요!

오늘은 우스개 이야기를 하나 하려 합니다. 우리나라 법에 일반 백성은 16세부터 60세까지 군역의 의무를 지게 되어 있다는 것을 그대는 알고 있겠지요. 그런데 아무리 높여봐도 50세 이상으로는 보이지 않는 어떤 군졸 하나가 고을 원님을 찾아와 자신은 정해진 의무연한을 다 채웠으니 군적에서 빼달라는 요구를 했습니다. 원님은 네 놈이 어찌 나라를 속이려고 드느냐고 목소리를 높여 야단을 쳤습니다. 그랬더니 군졸은 이렇게 대답하는 것이었습니다.

"제가 어찌 나라를 속이겠습니까? 속였다면 그건 제가 아니라 나라에서 한 일이랍니다. 저는 태어나면서부터 군적에 편입되었습니다. 그러기를 45년, 그러니 이제 의무를 다한 것이지요."

원님이 군적을 살펴보았더니 군졸의 말 그대로였습니다. 그래서 원님은 아무 말도 못했다는 이야기입니다.

우스개 이야기라고는 했지만 아마도 그대는 마음껏 웃지 못했겠지요. 사실 이 나라의 현실을 아는 이라면 결코 웃을 수 없을 것입니다. 아이가 태어나자마자 군적에 편입되는 것은 명백한 불법입니다. 하지만 이 불법이 이른바 황구첨정黃口簽丁이라는 기이한 이름 아래 곳곳에서 자행되고 있다는 건 너무 흔해서 이제는 놀랄 것도 없는 일이지요. 이 한 가지 사례만으로도 백성들이 겪는 괴로움을 익히 짐작할 수 있습니다.

39

훌륭한 정치가 뭐냐고 묻는다면 역시 맹자孟子를 인용할 수밖에 없으니 보민保民, 즉 백성을 보호한다는 바로 그 구절이 떠오릅니다. 맹자가 말하는 보민은 어려운 백성들을 한 집 한 집 직접 찾아다니며 재물을 보태어준다는 식의 행동을 뜻하지 않습니다. 임금이 좋아하는 것을 백성들에게도 주는 것, 임금이 싫어하는 것을 백성들에게 강요하지 않는 것이 바로 보민입니다. 그렇습니다. 이는 달리 말하면 백성들을 믿는 것입니다. 백성들을 괴롭히지만 않는다면 백성들 스스로 지혜와 역량을 발휘해 웬만한 어려움은 극복해내리라는 긍정적인 믿음을 가지는 것을 뜻합니다. 민생은 부지런함에 달려 있으니 부지런하면 웬만한 궁핍함은 이겨낼 수 있다는 말도 비슷한 뜻이지요.

하지만 지금 우리에게 이 말은 왠지 공허하게 들립니다. 그대와 내가 살고 있는 현실 세계에서는 부지런한데도 가난을 이겨내지 못하고 굶어 죽는 경우가 허다하니까요. 왜 그렇겠습니까? 역시 맹자식으로 말할 수밖에 없으니 보민이 제대로 되지 않기 때문입니다. 홍수와 가뭄이 발생하면 나라에서는 창고를 열고 곡식을 재해 지역으로 옮겨 베푸는 기본적인 구휼 정책을 시행해야 하는데 그것이 제대로 되지 않기 때문입니다. 설령 정책이 시행되더라도 벼슬아치와 서리의 농간으로 백성들에게 실제로 돌아가는 것이 얼마 되지 않기 때문입니다.

몇 해 전의 일이 떠오릅니다. 거리로 나섰더니 거지들이 모여 있었습니다. 나이가 어려 보이는 이들도 있고 몸도 제법 튼튼해 보이는 이들도 있기에 이렇게 점잖게 말했지요.

"밭 갈고 씨 뿌리기에 좋은 계절이다. 너희들은 어찌 고향을 떠나 낯선 땅을 떠돌면서 구걸을 하며 살고 있는 것이냐?"

거지들은 아무 말도 하지 않았습니다. 내가 좀처럼 자리를 떠나지 않자 그중 한 명이 마지못해 이렇게 대답하더군요.

"도대체 어떻게 농사를 지으라는 겁니까? 땅도 없고 씨도 없는데 말입니다. 설령 있다 한들……."

아마도 그가 잇지 못한 말은 "있다 한들 이리저리 시달리다가 빼앗기겠지요"였을 겁니다. 발걸음을 돌려 돌아오는 길이 무척이나 씁쓸했습니다. 아마도 그들은 나라는 사람을 세상 물정을 전혀 모르는 벽창호 같은 이로 여겼을 겁니다. 그들의 생각이 맞습니다. 그대더러 뭐라 했으나 실은 그 시절의 나 또한 몸으로 겪어서 아는 사람이 아니라 머리로만 이해하는 사람이었던 겁니다. 어쩌면 지금의 나 또한 그 수준을 크게 벗어나지는 못했겠지요. 거듭 당부합니다. 그대는 나 같은 어리석고 공허한 책상물림의 수준에 결코 머물지 않기를 바랍니다.

요즈음 떠도는 소문을 들자니 임금이 강원도 일대의 거지들에게 옷과 쌀을 하사한 후 고향으로 돌려보내는 조치를 취했다고 합니다. 하지만 아무 소용이 없었다지요. 거지들은 성문을 나서자마자 뿔뿔이 흩어져 도망을 쳐버렸으니까요. 그들을 인솔하기 위해 나섰던 벼슬아치는 은혜를 모르는 망할 것들이라고 외치며 크게 분개한 모양이지만 사실은 분개하고 말 것도 없는 일이지요. 고향으로 돌아가는 게 구걸하며 사는 것보다 훨씬 못하다는 걸 그 벼슬아치 빼고는 모두들 알고 있으니 말입니다. 한 나라의 정책이 탁상공론 수준에 머물러 있으니 비참함을 넘어 이제는 웃음만 나올 뿐입니다.

◇◈ 추신 ◇◈

농사에 힘쓰지 않는 여섯 마리의 좀이 있습니다. 노비 제도, 과거 시험, 벌열閥閱, 잡스럽거나 삿된 짓거리, 승려, 게으름뱅이입니다.

이 나라에서 한번 노비는 영원한 노비입니다. 사실 노비를 재산인 양 대대로 전하는 것은 그 유래를 찾기 어려운 일입니다. 그런데도 엉터리 법을 세워놓은 후 달아난 노비를 사방으로 찾아다니며 겁을 주어 그들이 온 기력이나 재산을 탕진한 후에야 그만두니 이보다 심한 일이 없습니다.

세상을 올바로 다스리기 위한 것과 아무 관련이 없는 공부, 몸과 마음의 수양에 도움이 되지 않는 공부는 모두 다 해롭습니다. 과거 시험을 위한 공부가 바로 그렇습니다. 그저 급제만을 원하는 유생들은 인격 수양에는 전혀 관심이 없고 생업도 포기한 채 날이 가고 해가 바뀌도록 붓 끝이나 빨고 종이만 허비합니다. 어쩌다 시험에 붙어 벼슬을 얻기라도 하면 어떻게 되겠습니까? 애초부터 신념이 있어 시험을 본 게 아니었으므로 이내 백성의 것을 빼앗아 자기 욕심만 채우려 하는 약탈자로 바뀌어버리니 결국은 세상에 도움 될 것이 하나도 없지요.

벌열의 문제는 선대의 영광이 사라지고 후대의 재능이 부족한데도 이치에 맞게 살지 않는다는 것입니다. 호미와 쟁기 잡는 일을 부끄러워해서 굶어 죽을지 언정 농사는 짓지 않겠다고 합니다. 이들이 정신만 차려도 농사에 대한 인식은 크게 달라질 것입니다.

잡스럽거나 삿된 짓거리는 광대나 무당 들이 주로 하는 일이지요. 그들은 사람의 눈을 멀게 하고 마음을 현혹시킵니다.

요즈음 승려는 부역 회피의 수단일 뿐입니다. 부처에 대해서는 전혀 관심이 없으니 산중에 살며 곡식이나 축을 내는 것입니다.

게으름뱅이는 온 나라에 널리 퍼져 있습니다. 지금 사람들은 어려서는 태만하게 놀고 커서는 놀음이나 하다가 입을 것과 먹을 것이 모자라면 남을 속이고 빼앗으며 도둑질을 합니다.

이 여섯 마리 좀이 버티고 있는 이상 이 나라가 잘될 까닭은 없다고 보는데 그대는 어떻게 생각합니까?

40

그대가 담배를 즐기는 줄은 몰랐습니다. 담배의 폐해는 끝이 없으나 세 가지만 말하겠습니다.

부모 없는 사람이 없으니 선비가 해야 하는 일 중에는 제사가 가장 중요합니다. 하룻밤을 지내며 귀신과 교통해야 하는데 중간중간 피우는 담배의 더러운 냄새는 마늘과 파보다 더 심하니 귀신도 눈살을 찌푸릴 것입니다. 이것이 첫 번째 폐해입니다.

선비가 신경 써야 할 일은 제사 말고도 많지요. 비유하자면 고슴도치의 털보다 많습니다. 그 일들만 생각해도 시간이 모자랄 판인데 담배를 즐기는 이들은 온통 담배에만 신경을 씁니다. 이런 공력을 효에 쓴다면 자식들은 효자가 될 것이며, 충에 쓴다면 신하들은 충신이 될 것이며, 공부에 쓴다면 학문과 문학의 거장이 될 것입니다. 그런데도 온 공력을 담배 피우는 데만 쓰니 이것이 두 번째 폐해입니다.

담배의 연기는 못 가는 곳이 없습니다. 온 집안에 냄새가 배는 것도 모자라 치아마저 검게 만들지요. 보이지 않는 정신과 혼백 또한 무너지고 손상될 것이니 이것이 바로 세 번째 폐해입니다.

그대는 유념하시기 바랍니다!

◇◇ 추신 ◇◇

광지 강세황姜世晃에게 들으니 요즈음 중국에는 구원고枸元膏라는 약이 있는데 잠을 줄이는 효능이 있다고 합니다. 강희제康熙帝가 직접 만든 것이라고 하니 참으로 놀라운 일입니다. 보통 사람은 그저 잠을 자는 것으로 밤 시간을 보낼 뿐이지요. 그러니 밤에 잠을 자지 않는다면 80년을 사는 사람이 실제로는 160년을 사는 셈이 됩니다. 아주 안 잘 수는 없으니 반드시 그렇게 되지는 않겠지만 그 뜻은 지극히 좋다고 봅니다. 들어가는 약재 또한 구기자와 용안육 두 가지밖에는 없다고 하더군요. 나야 이미 팔십 노인이니 이 약이 무슨 소용이 있겠습니까? 하지만 젊고 부지런한 그대에게는 소용이 있을 수도 있기에 편지로 알리는 바입니다!

41

그대는 내 균전론均田論이 책상물림의 공허한 이론이라면 세상 그 어떤 이론도 현실적이지 않다고 성난 목소리로 글을 써 보냈군요! 그대 같은 벗이 있으니 참 좋습니다. 나를 절대적으로 신뢰하는 것도 고맙고 젊은 혈기를 선물해주는 것도 고맙습니다. 아무리 그렇더라도 내 허물을 찾아내고 비판하는 일은 결코 멈추지 말기를 바랍니다. 나를 칭찬하기만 하는 순간 나는 그대를 벗의 목록에서 지울 것입니다!

그대의 격려에 힘입어 그동안 내 머릿속에서 축적된 균전론을 요약해볼까 합니다. 이전 생각과는 달라진 지점도 있으니 깊이 읽고 통렬한 비판을 제기해주십시오.

옛사람들은 토지를 균등하게 분배하고 토지 소유의 상한선을

118

정하는 한전론限田論을 이상적인 토지 분배 대책으로 생각했습니다. 토지를 상한선으로 정한 것보다 더 많이 가졌을 경우 국가가 몰수해 가난한 자들에게 돌려주는 것이 핵심이었지요. 그러나 내 생각에 이는 현실적이지 못합니다. 토지를 많이 소유한 사람은 대부분 권력자들입니다. 법조차도 무시하는 권력자들의 토지를 무슨 수단으로 빼앗겠습니까? 설령 빼앗는다고 해도 이들 권력자들은 온갖 수단을 부려 잃어버린 토지를 되찾고야 말 것입니다. 그럴수록 더욱 강력하게 법을 집행해야 한다고 외칠 수도 있겠지만 이 외침이 공허하다는 것은 누구나 아는 사실입니다.

그래서 나는 한전론이되, 하한선을 보장하는 균전론을 주장합니다. 내 균전론의 핵심은 '영업전'으로 이는 한 가족이 충분히 먹고살 수 있을 만큼의 땅을 말합니다. 이 영업전은 모두에게 지급되는 땅이지요. 한전론과의 차이는 가난한 자가 가져야 할 최소한의 땅을 보장하되 많이 가진 자의 땅을 빼앗지 않는다는 데에 있습니다. 토지의 자유로운 매매를 허락하는 것도 내 이론의 특징입니다. 단, 어떤 경우에도 영업전을 매매에 포함해서는 안 됩니다. 토지를 팔려는 것은 아무래도 가난한 자이겠지요. 가난한 자가 토지를 팔 경우 관아는 영업전이 포함되었는지 철저하게 살펴야 합니다. 영업전이 포함되었으면 즉시 거래를 중지시켜야 합니다. 이 균전론이 성공적으로 실시되면 부유한 자가 소유할 수 있는 토지의 양은 자연히 한정될 것입니다. 가난한 자는 부지런히 노력한다면 영업전 이외의 땅을 사들일 수 있어 조금씩이나마 형편이 나아질 것입니다. 오랜 세월 동안 균전론이 지속되면 결국엔 토지 소유의 빈부 격차가 크게 줄어들 것이라고 나는 생각합니다.

내가 주장하는 균전론이 당장 시행되기는 쉽지 않겠지요. 그대당 사람들이 정권을 잡고 있고, 이미 부풀은 풍선을 세게 불 듯 더 많은 부를 향한 열망이 위험스럽게 커져가는 지금의 사회적 여건을 고려해보면 쉽지는 않겠지요. 하지만 내 이론을 제대로 이해하지도 않고 원색적인 비난을 퍼붓는 것은 허용할 수 없습니다. 가진게 영업전밖에 없는 가난한 자가 상례나 장례를 치르는 경우는 어떻게 하느냐는 근시안적인 질문에는 단호하게 대처하지 않을 수 없습니다. 돈이 없더라도 상례와 장례를 치를 수 있습니다. 자신의 형편에 맞춰서 치르면 되니까요. 《예서禮書》에 기록된 것은 그 예를 행할 수 있을 때 행하라는 뜻입니다. 어떻게 살림이 빈털터리인 사람까지 모두 다 지키겠습니까? 탕국과 채소만으로도 상례와 장례는 충분히 치를 수 있습니다. 그럼에도 부득이하게 지켜야 하는 도리가 있어 어쩔 수 없이 돈이 든다면 일정 부분은 나라에서 도움을 주어야겠지요. 인륜과 예의는 나라의 근간이기도 하니까요. 땅만 나눠주고 나머지는 다 알아서 해라 하고 나 몰라라 하는 나라 또한 제대로 된 나라는 아닙니다.

예, 압니다. 시행 과정에서 내가 미처 예상하지 못했던 여러 가지 문제가 생기리라는 점은 나도 인정합니다. 하지만 완벽하게 이롭기만 하고 해가 전혀 없는 제도란 있을 수 없습니다. 그러므로 어떤 제도의 작은 폐해를 들어 무조건 비판할 게 아니라 이익과 폐해가 어느 정도인지를 면밀히 검토부터 해야 합니다. 폐해가 무서워 이익을 버린다면 이른바 구더기가 무서워 장을 못 담그는 격이겠지요. 겁을 잔뜩 집어먹은 채 손을 놓고 앉아 있기보다는 뭐라도 하는 것이 백배 낫습니다!

◈◈추신◈◈

앞으로는 담배에 손을 대지 않겠다는 그대의 굳은 다짐을 나는 신뢰합니다! 그대가 보낸 담뱃대, 그대의 두 손으로 부러뜨린 대나무 담뱃대는 일종의 기념품이므로 서안 위에 놓아두도록 하겠습니다!

42

나는 백성의 숫자가 늘어났으면 이제 그들을 부유하게 해주라는 공자의 말씀이 참 좋습니다. 공자께서는 누구나 이해하기 쉬운 말로 우리의 어두운 머리에 불을 밝혀주시지요. 그대도 잘 알고 있겠지만 이때 부유하게 해준다는 것은 맹자를 논하면서 이미 말했듯 재물을 직접 나눠준다는 뜻이 결코 아닙니다. 백성들이 알아서 부지런히 일해 재물을 모은다는 것입니다. 나라에서는 괜히 못되게 굴어 백성들의 일을 방해하지 않는다는 것입니다.

하늘에 밝은 빛이 있다면 백성은 어두움을 두려워할 필요가 없습니다. 그들 스스로 창문을 내어 빛을 마음껏 누리겠지요. 땅에 재물 될 것이 있다면 백성은 가난을 두려워할 필요가 없습니다. 그들 스스로 나무를 베고 풀을 베어 부유하게 되겠지요. 이 단순한 이치를 모르고 나라는 백성들을 괴롭히고 못살게 구니 마침내 백성들의 입에서 이런 탄식과 원망이 나오는 것입니다.

"하늘의 저 해는 언제 없어질까? 내가 너와 함께 망해버렸으면 좋겠구나."

스스로 창문을 낼 줄 아는 지혜를 가진 백성들이 밝은 해를 도리어 원망하는 이유를 우리는 잘 알아야겠습니다. 그대와 나 같은 선비들이 깊이 반성하고 고민해야 할 지점이지요.

◇◆ 추신 ◇◆

떠돌아다니던 고양이 한 마리가 우리 집에 들어왔는데 천성이 도둑고양이라 저장해놓은 곡식이며 상 위의 음식을 제멋대로 훔쳐 먹고 다녔습니다. 동작은 또 어찌나 빠른지 잡아서 혼쭐을 내주려고 해도 도무지 잡을 수가 없었습니다. 고양이 또한 수없는 야단과 고함과 박대에 질렸는지 이웃집으로 건너가고 말았지요.

그런데 지나가다 우연히 고양이를 발견하고는 이웃집 걱정을 많이 했는데, 얼마 지나지 않아 내 걱정은 기우였음이 드러났습니다. 이웃집 사람들은 고초를 겪기는커녕 좋은 고양이 덕분에 집안이 화목해지고 평화로워졌다고 말하는 게 아니겠습니까? 궁금해서 찾아가 자초지종을 들어보니 그럴 만했습니다. 고양이는 식구들에게 재롱을 부려 사랑을 한 몸에 받았고 집 안에 들끓던 쥐를 잡아 근심까지 없어지게 만들었습니다. 무슨 대단한 방법을 써서 도둑고양이의 천성을 바꿔놓았나 보았더니 그 방법은 시시할 정도로 간단했지요. 먹을 것을 충분히 주었다는 것입니다!

집으로 돌아와 고양이를 생각했습니다. 고양이의 본성은 알지도 못하면서 무조건 도둑고양이로 대한 태도를 크게 반성했습니다. 어쩌면 이 시대를 사는 백성들도 도둑고양이와 다를 바가 없다는 생각이 들었습니다. 주인을 잘 만났으면 좋은 고양이 소리를 들으며 살았을 텐데 형편없는 주인을 만나 대우를 받기는커녕 도둑 취급을 받으며 구차하게 삶을 연명하는 게 아닌가 하는 생각이 들었습니다. 내 도둑고양이 이론에 대해 그대는 어떻게 생각하십니까?

43

백성들에 대해 지나치게 낙관적인 입장을 취하고 있는 것은 아닌가 하는 그대의 염려에는 나도 동의합니다. 그대의 말이 맞습니다. 인간의 선의만을 기대하기엔 이 시대가 지나치게 어둡고 완악하지요. 도덕과 예의만으로 백성들을 다스릴 수 있는 세상은 분명 아니지요. 태평성대에는 그럴 수 있었겠지만 개인의 이익에 유독 민감한 지금은 그때와는 사정이 많이 다르지요.

그렇기에 나는 도덕과 예의도 중요하지만 올바른 법과 형벌의 체계 또한 중요하다고 생각합니다. 어쩌면 이 시대 정치의 핵심은 법과 형벌의 체계를 바르게 세우는 데 있는 건지도 모르겠습니다. 세상 사람 모두가 선량하다면 정치라는 단어조차 필요 없겠지요. 세상에 악인이 존재한다는 것은 불문가지의 사실이니 정치를 하는 사람은 마땅히 악을 처단하되, 무자비한 수단이 아닌 올바르고 공정하게 처벌하는 방법을 모색해야 하는 것입니다. 우리는 백성들의 가능성을 믿되 그들의 한계 또한 분명히 인정해야 합니다. 바뀐 시대는 감안하지 않고 오직 선함을 구하기만 하고, 순진한 믿음을 보배인 양 가슴에 품고 있다면 세상을 바꾸기를 원하는 그대와 나의 꿈은 망상의 차원에 머무르게 되겠지요!

◈◈ 추신 1 ◈◈

그렇다고 해서 내가 이 나라에서 시행되고 있는 가혹한 형벌에도 동의하고 있다고 생각하지는 말아주십시오 근래의 호된 형벌로 압사, 화형, 주리가 있다는 건 그대도 알 것입니다. 압사는 사금파리를 깨뜨려 땅에 뿌린 후 사람을 그 위에 꿇어앉히는 것입니다. 화형은 쇠를 달구어 살을 지지는 것입니다. 주리는 나무토막을 다리 사이에 세워놓은 뒤 위아래를 얽은 노끈을 잡아당기는 것입니다. 모두 다 자백을 빨리 받기 위해 이뤄지는 형벌들입니다. 나는 이런 종류의 형벌이 옳다고는 결코 생각하지 않습니다. 공정한 처벌이 아닌 가혹한 형벌은 무고한 사람에게 죄를 뒤집어씌울 수 있는 위험한 수단입니다.

◈◈ 추신 2 ◈◈

그대가 말했듯 조세租稅를 줄여주는 건 백성을 위한 계책이 아닙니다. 논밭이 있어야 조세가 있는 법입니다. 하지만 이 나라 백성 중 논밭을 가진 자는 열에 한둘밖에는 안 됩니다. 소수의 부자들이 땅을 독점하고 있는 판인데 조세를 줄여주면 득을 보는 이는 과연 누구겠습니까?

따지고 보면 이즈음 부쩍 늘어난 사면 또한 마찬가지입니다. 나라에 경사가 있을 때마다 사면이 이루어지는데 혜택을 받는 이들 중 열에 아홉은 사대부들이니 백성과는 하등 관계가 없습니다. 흔히 정치가 잘 이루어졌다고 말하는 시대를 보면 사면이 거의 없었습니다. 그 시대라고 나라에 경사가 없었겠습니까?

이 나라 조정에서 하는 일이 대개 이렇습니다.

44

내리는 비를 보며 수리水利를 생각했다니 역시 그대답습니다. 요즈음 나는 비가 오면 안타까움을 제일 먼저 느낍니다. 비가 내릴 때 땅에 고인 물을 저장했다가 가물 때 쓰면 좋으련만 그리지 못하는 것이 몹시 안타깝습니다. 안타까운 것으로 치면 우물과 개천도 빼놓을 수 없지요. 우물이 있어도 제대로 퍼 올리지 못하는 게 안타깝고 개천의 물은 그대로 흘려보내기만 할 뿐 유용하게 쓰지 못하는 것도 안타깝습니다. 가뭄과 홍수를 막기 위해서는 하늘에 빌기에 앞서 사람이 할 도리는 다 해야 하는 바, 그것조차 제대로 하지 못하는 현실이 너무나 안타깝습니다. 개천의 물을 끌어서 쓰기 위해서는 큰돈을 들여서 일을 벌여야 하는 법인데 이 나라의 재정은 그런 일을 할 정도로 넉넉지는 않지요. 서양에는 물을 끌어올리는 '용미거'라는 기계가 있다고 하는데 본 적이 없어 나 또한 정확히는 모르겠습니다.

　가장 효과적인 방법은 저수지를 만드는 것이지요. 이 나라가 처음 세워졌을 때에는 저수지가 꽤 많았는데 제대로 관리를 하지 않아 지금은 쓸 수 있는 것들이 거의 없는 실정입니다. 나는 그중에서도 벽골제가 무너진 것이 가장 안타깝습니다. 전해 내려오는 말에 따르면 벽골제를 무너뜨린 건 고려의 인종仁宗이라고 합니다. 병에 걸린 인종은 무당의 말을 듣고 벽골제를 무너뜨렸답니다. 도대체 병과 저수지가 어디에서 어떻게 관계를 맺고 있는 건지 나는 도무지 모르겠습니다. 설령 관계가 있더라도 그의 행동에는 결코 동의할 수 없습니다. 땅에서 나는 곡식에는 백성의 생명이 달려 있는데 자기 혼자 살자고 생명 줄을 끊어버렸으니 이는 천명을 모르는 망령된 인간입니다.

　지금은 세상을 떠난 내 좋은 벗 정여일鄭汝逸이 생각납니다. 나는 성호 농장에서 밭을 갈고 살았고 그는 적성의 산속에서 농사를 지으며 살았습니다. 여일은 그가 몸으로 체득한 지식과 머리로 얻은 학설들을 더해 《향거요람鄕居要覽》이라는 훌륭한 책을 지었지요. 이 책에는 농사짓는 요령뿐 아니라 채소, 과일, 양잠, 목축 등에 대한 내용도 빠짐없이 들어 있답니다. 농부의 일에 도움이 되는 것은 사소한 것 하나도 빠뜨리지 않았지요. 그러나 내가 감동한 부분은 따로 있습니다. 여일은 이렇게 말했습니다.

밭 한곳에서 나는 곡식의 양이 늘어나면 한 사람이 배불리 먹을 수
있다. 한 사람이 농사짓는 방법을 제대로 밝혀주면 한 집안의 사람
들이 모두 즐거워진다. 그러니 이것이야말로 내가 가진 얼마 안 되는
방법으로 세상에 혜택을 베푸는 것이다.

그 옛날 관중은 농사를 짓다가 선비가 된 자는 믿을 만하다고
말했습니다. 이는 바로 정여일 같은 이를 두고 하는 말이겠지요.
우리는 반드시 다짐해야 합니다.
정여일 같은 사람은 못 되어도 인종 같은 인간은 결코 되지 말
아야 하겠습니다!

◇◈추신◇◈

날마다 기억력이 감퇴하는 까닭에 몇 해 전의 일인지는 도무지 기억도 나지 않
습니다만 아무튼 그날도 오늘처럼 비가 잔뜩 내렸지요. 문을 열고 밖을 내다보
고 있는데 나에게 가르침을 받던 아이가 뛰어오는 것이 보였습니다. 그런데 그
아이는 나를 보자마자 뜀박질을 멈추고 천천히 걸어오는 게 아니겠습니까? 느
릿느릿 걸어오느라 옷이 다 젖은 그 아이에게 수건을 건네주면서 이렇게 말했
습니다.

"발걸음이 호들갑스러워도 곤란하지만 비가 쏟아지는데도 뛰지 않는 것 또한 곤란한 일이다. 상황에 맞게 융통성을 발휘하는 것 또한 배우는 자가 갖춰야 할 도리다. 요즈음 선비들은 실질을 실천하려 하지 않고 그저 남들의 이목에만 신경 쓰느라 자기 옷이 다 젖는 것도 모른다는 뜻이다."

스승의 뜻을 의심하지 않고 무작정 따르기만 하는 서인의 당에 그대가 속해 있어 우스갯소리 비슷하게 적어보았습니다. 그대는 겉치레를 차리느라 내리는 비를 다 맞는 우를 범하지는 않으리라 굳게 믿습니다, 하하.

45

아직도 전쟁을 입에 담는 자가 있다니 참으로 놀라지 않을 수가 없습니다. 전쟁을 그저 정치적 책략의 일종으로만 여기는 이들에게 소동파가 군사를 일으키는 것에 대해 쓴 〈간용·병서諫用兵書〉를 읽어보라고 던져주겠습니다. 이 글을 읽고도 눈물을 흘리지 않는다면 사람이 아닙니다.

싸움에 이긴 후 폐하께서 보고 들으실 수 있는 것은 개선장군의 승전 보고와 치하드린다며 신하들이 앞다퉈 올릴 문서 등 눈과 귀를 즐겁게 하는 것들뿐입니다. 하지만 폐하께서 결코 보실 수 없는 것들이 있습니다. 저 먼 지방에 살던 백성들은 참살을 당해 간과 뇌가 흰 칼날에 묻었으며, 병사들에게 식량을 대느라 그들의 힘줄과 뼈는 이미 끊어졌으며, 먹고살 터전을 잃어 떠돌다가 버티지 못하고 무너져 오래전에 자식들을 팔아먹었으며, 군대를 피하려고 스스로 눈을 멀게 하거나 어깨를 부러뜨리고 심지어는 스스로 목을 매어 죽기까지 했습니다. 하지만 폐하께서는 그 참상을 절대 보실 수 없겠지요. 폐하께서 결코 들으실 수 없는 것들 또한 있습니다. 자식을 잃은 부모와 부모를 잃은 자식과 주인을 잃은 부하와 남편을 잃은 여인의 통곡 소리를 폐하께서는 절대 들으실 수 없겠지요.

소동파의 글에 눈물을 흘렸다면 현곡 조위한趙緯韓처럼 생각할 일입니다. 왜란을 겪은 이들이 자신들의 불행을 한탄하자 현곡은 이렇게 말했다지요.

"난리가 우리 세대 전에 일어났다면 우리 조상들이 화를 겪었을 걸세. 우리 세대 후에 일어났다면 우리 후손들이 화를 겪었을 테고. 조상과 후손이 화를 겪는 것보다는 우리가 겪는 게 훨씬 낫지 않은가?"

현곡은 조상도 후손도 아닌 자신의 세대가 전쟁을 겪은 것을 오히려 다행으로 여겼습니다. 자신들이 고통을 맡아서 당했으니 후손들은 전쟁 없는 세상에서 살게 되기를 바랐던 것이지요. 현곡처럼 생각하지는 못할망정 일어날 조짐도 없는 전쟁을 기획해서 백성을 도탄에 빠뜨리려고 하는 자들은 도대체 어떤 종류의 인간들이랍니까?

◇◇추신◇◇

어떤 이가 책을 땅에 던지며 이렇게 말했답니다.

"덮자마자 곧바로 잊어버리니 읽는 게 도대체 무슨 소용이 있나?"

현곡이 책을 집어 다시 건네주며 이렇게 대답했답니다.

"먹은 밥이 항상 배 속에 머물러 있는 것은 아니지만 그 영양분이 몸을 강건하게 만든다네. 책의 내용은 비록 잊었더라도 그대는 분명 한 걸음 더 앞으로 나아갔을 것이네."

46

그대가 보내온 시구가 할 말을 잃게 만듭니다.

한 장수가 공을 이루면 만 명의 뼈가 마르네.

마음이 아파 한참 쳐다보고 있다가 늘 읽던 맹자의 구절을 적어 보냅니다.

땅을 다투고 성을 다투다 사람을 죽여서 그 시체가 성에 가득하면 이는 큰 죄를 지은 것이다.

47

적국과 이웃하는 방법은 오직 두 가지만 있을 뿐입니다. 화친할 만하면 화친하고 끊을 만하면 끊는 것이지 중간에서 어중간한 태도를 취해서는 안 됩니다.

일단 끊었으면 적의 침략을 각오해야 합니다. 온 힘을 다해 막는 것이 우선이겠지요. 혹시라도 세력이 대등하지 못해 막을 수 없다면 나라가 훼손되거나 멸망하더라도 후회하지 말아야 합니다. 사태가 여기까지 이른 이상 어쩔 수 없는 일이지요. 이미 못 막을 것을 알고 있으면서도, 속으로는 멸망하면 어쩌나 하는 두려움을 잔뜩 안고 있으면서도 겉으로는 적국을 무시하는 거만한 행동을 이어나가는 이들이 역사에는 많았습니다. 그들은 수많은 인명의 목숨을 저 세상으로 보낸 후에야 무릎 꿇고 항복을 빌었으니 이보다 무모한 일은 세상에 없을 것입니다.

그러므로 화친을 할 것이냐 전쟁을 할 것이냐에 대한 판단은 반드시 스스로의 힘을 헤아린 뒤에 내려야 하는 것이지요.

48

그대의 질문에 나는 고려의 사례로 대답하려 합니다.

고려 때에는 권간들이 서로 영웅 노릇을 하면서 임금을 폐하고 세우는 일이 잦았습니다. 그렇듯 혼란스러웠는데도 나라는 32대 475년이나 이어져 내려왔지요. 그 비결은 오직 하나, 사대事大의 힘이었습니다. 우리가 욕한 바 있는 인종에게도 장점은 있었으니 그는 송宋 대신 금金을 섬겨서 변경을 편하게 만들었습니다. 원元이 세력을 넓혀가기 시작할 때에도 그런 일이 있습니다. 송과 싸우던 원 세조世祖가 아우가 일으킨 변란으로 어려움을 겪던 시절에 원종元宗은 세조를 직접 찾아가 항복을 자청했습니다. 그 후 충렬왕忠烈王은 세조의 사위가 되어 나랏일을 마음대로 할 수 있게 되었지요. 고려가 원의 압박을 받으면서도 끝내 멸망하지 않은 까닭은 늘 원을 두렵게 생각했기 때문입니다. 금의 남은 세력이 세운 동진東眞

과 일본이 고려를 위협하면서도 끝내 침입하지 못한 것은 강대한 원이 뒤에 버티고 있었기 때문입니다.

물론 위기 또한 있었습니다. 몽골이 쳐들어왔을 때 최우崔瑀가 왕을 위협하여 강화로 들어간 우매한 결정이 문제였습니다. 유승단兪升旦 같은 이가 괜한 일을 저지르지 말고 오직 사대의 예로만 대하면 아무 탈도 없을 거라고 했지만 최우는 듣지 않았습니다. 무조건 맞서 싸우겠다는 최우의 고집은 처참한 결과를 낳았습니다. 백성들은 전쟁의 참화에 시달렸고 온 국토는 유린되었습니다. 이는 모두 역적 최우의 잘못된 생각에서 비롯된 것입니다.

고려는 요遼와 금과 원을 번갈아서 섬겼습니다. 중국을 위협할 정도의 대국들이었으나 고려는 사대 하나로 멸망하지 않고 버텼습니다. 그들을 이겨보겠다고 나서지 않았던 것이 나라를 유지한 비결입니다.

이제 그대의 질문에 답하겠습니다. 나는 남한산성에서 길을 막고 항거한 일을 한스럽게 여깁니다. 청淸은 조선을 멸망시킬 마음이 없었습니다. 자신들의 위세만 세워준다면 물러갈 생각이었습니다. 그런데 우리는 그 뜻도 제대로 읽지 못하고 쓸데없는 자존심만 내세워 좁은 성 안에서 인고의 나날들을 보내다가 결국은 치욕을 당하고 말았지요. 내가 이렇게 말하면 왜란 때 조선을 도와준 명明

에 대한 의리는 어떻게 되는 거냐고 묻고 싶겠지요.

예를 들어 말하겠습니다. 내게 귀중한 보물이 하나 있다고 생각해봅시다. 어떤 사람이 내 보물을 빼앗으려고 했는데 다행히 강한 이웃의 도움을 받아 그 보물을 지킬 수 있었습니다. 그런데 얼마 후 또 다른 사람이 찾아와서 살려달라 애걸하면 보물을 빼앗지 않겠으나 끝내 버티면 너를 죽이고 보물을 빼앗겠다고 위협했습니다. 그 사이 강한 이웃은 나를 도울 수 없는 형편이 되었습니다. 이런 상황에서 그대는 어떤 선택을 하겠습니까? 더군다나 그 보물이 우리 조상이 대대로 전해준 이 나라라면 그대는 어떤 선택을 하겠습니까?

다시 말하겠습니다. 가장 위험한 것은 화친과 전쟁 사이에서 어중간한 태도를 취하는 것입니다. 저 남한산성에서의 일이 바로 그랬습니다. 그런데 이제 우리는 그 치욕을 다 잊어버렸습니다. 수레바퀴와 싸우려던 사마귀가 간신히 살아남아 숨만 헐떡거리다가, 이제 수레바퀴가 사라지고 나니 짐짓 화가 난 척 위엄을 앞세우고 나가서 싸워서 이기자고 주장하는 격입니다. 이게 과연 옳은 일이겠습니까? 밖에서 얻어맞고 집으로 돌아온 뒤 아무도 없는 캄캄한 방에서 자신의 용기를 자랑하는 것과 도대체 무엇이 다르겠느냐는 말입니다.

49

내가 닭을 기르는 건 그대도 알 것입니다. 닭들에게 가장 중요한 건 먹이를 먹는 일입니다. 먹이 찾기에 지나치게 열성적인 까닭에 어떤 때에는 방으로 들어와 의자 밑을 쑤시고 다니기도 하고 내 지팡이와 신발까지 쪼아대기도 합니다. 야단을 쳐도 그만두지 않아서 때로는 지팡이를 들어 때리기까지 한답니다. 하지만 요란한 소리를 내며 도망가는 것도 잠깐, 조금 있으면 또다시 몰려와 먹이를 찾아다니며 난리를 부리지요. 닭들이 그러는 이유가 무엇이겠습니까? 잠깐 얻어맞는 일은 가볍고 오래 먹는 일은 중요하기 때문이지요.

사람들이 당을 나누어 다투는 이유는 오직 벼슬과 녹봉 때문입니다. 그러다가 죄를 얻어 고통받는 이들도 있으나 고통은 잠깐이라는 사실을 알기에 벼슬과 녹봉을 향한 희망을 결코 버리지 않습니다. 이 점에 있어서는 사람이나 닭이나 똑같습니다!

물론 다른 점도 있습니다. 닭들은 먹을 것을 다툴 때에는 날아오르기도 하고 달리기도 하면서 죽기 살기로 싸우다가도 그 순간만 끝나면 서로 다투던 건 까맣게 잊고 사이좋게 지냅니다. 사람은 어떤가요? 아무리 오랜 시간이 흘러도 과거에 당한 아픔을 잊지 않습니다. 상대를 죽여 없애겠다는 각오를 품고는 자기의 잘못은 절대 뉘우치지 않으니 이 점에서 사람은 닭보다 못해도 한참 못한 존재입니다.

벼슬과 녹봉만을 중시하는 이들이 과연 나랏일을 제대로 하겠습니까? 그들은 자신과 나라를 비교해 이익이 자신에게 있지 않으면 서슴없이 나라를 버립니다. 왜란이 있기 전 이 나라가 어떠했는지 살펴보면 알 것입니다. 동인과 서인은 그저 서로의 이익을 위해 싸우느라 나라가 위기에 처했는지도 몰랐습니다.

◇◇ 추신 ◇◇

남한산성에 대한 그대와 나의 생각이 일치하지 않는다고 해서 크게 염려할 것은 전혀 없습니다. 벗은 생각이 똑같은 사람이 아니라 서로의 다름을 인정하는 사람이니까요.

50

그대가 보낸 짧은 편지를 여러 번 읽었습니다.

벗과 나는 두 개의 몸이지만 그 마음은 하나다.

그대 또한 이마두利瑪竇(마테오 리치Matteo Ricci의 중국명)의 교우론을 읽었군요! 천주나 마귀를 말하는 그의 글은 허황되기 그지없지만 우정에 관한 글들은 참으로 좋습니다.

조금 고리타분하기는 하나 내게 우정에 대해 묻는다면 관포지교管鮑之交를 말하겠습니다. 둘이 함께 장사를 했다는 것은 그대도 잘 알 것입니다. 그런데 관중管仲은 늘 포숙아鮑叔牙보다 더 많은 돈을 가져갔지요. 그럼에도 포숙아는 관중을 탐욕스러운 사람으로 여기지 않았습니다. 관중이 일을 도모하다 실패했을 때는 또 어땠

던가요? 모두들 관중을 비웃었지만 포숙아는 관중을 어리석은 사람으로 여기지 않았습니다. 관중이 세 번 벼슬길에 나갔다가 모두 실패했을 때도 포숙아는 관중을 못난 사람으로 여기지 않았습니다. 그뿐만이 아니었지요. 포숙아는 감옥에 갇혀 있던 관중을 오히려 쓸 만한 사람이라며 통치자에게 천거했지요. 그러므로 관중이 재능을 발휘하고 그 이름을 후세에까지 널리 알릴 수 있었던 것은 포숙아 덕분이었습니다. 제齊나라에서는 관중보다 포숙아를 더 높이 친다는 공자의 말씀이 괜히 나온 게 아닙니다.

나는 포숙아에게서 벗의 실수를 감싸는 마음을 읽습니다. 한 번도 어려운 일을 세 번이나 했지요. 요즈음 세태는 어떻습니까? 벗이 한 번이라도 실수를 하면, 자신에게 조금이라도 해를 끼치면 곧바로 인연을 끊고 심지어는 죽여버리겠다는 악한 마음까지 품으니 험악하다 말하지 않을 도리가 없습니다.

그대의 짧고 아름다운 편지에 터무니없이 지루하고 쓸데없는 사설로 응대하고 말았군요. 팔십 노인의 하는 일이 매사에 이렇습니다. 이만 줄입니다.

144

51

선비로 살면서 비방은 피할 수 없는 법입니다. 나 또한 그랬습니다. 옛날에 내가 과거에 급제하지 못하고 물러나 농사를 짓자 사람들은 속마음까지 그럴 리는 없다고 의심하면서 나에 대한 비방을 멈추지 않았습니다. 내가 진심으로 세상에 나아가지 않기로 결심했다는 사실이 알려지고 난 후에야 비방이 겨우 그쳤지요.

나는 앞으로 그대가 더 많은 비방을 들으리라고 생각합니다. 학문을 하면 할수록, 그대의 생각이 깊어지면 깊어질수록 비방은 더욱 심해질 것입니다. 비방은 이를테면 흰색 바탕에 생기는 검은 점 같으니 어쩔 수 없다고 여기기 바랍니다. 그렇기는 해도 늘 그 비방을 생각하며 경계하고 반성한다면 오히려 큰 도움이 될 것입니다. 이른바 타산지석의 도인 셈이지요!

전에 지었던 어설픈 시 한 편 함께 보내니 마음을 추스르기 바랍니다.

물가 백구도 온몸이 다 흰 것은 아니네.
흐르는 물도 바닥까지 맑지는 않네.
세상사 내 마음과 어긋난 지 이미 오래
우연히 시냇가에 앉아 떠날 줄을 모른다.

52

그대가 묻는 서학의 교리에 대해 나는 잘 모릅니다. 그저 집안에 수장되어 있는 몇 권의 책을 통해 얻은 지식이 전부이지요. 다만 서양 사람 방적아龐迪我(판토하Diego de Pantoja의 중국명)가 지은 《칠극七克》이라는 책은 우리 도의 극기와 꽤 비슷한 점이 있다는 건 말하고 싶습니다. 다음과 같은 내용이 특히 그렇지요.

인생의 백 가지 일은 악을 없애고 선을 쌓는 두 가지 일에서 벗어나지 않는다. 성현의 훈계는 모두 악을 없애고 선을 쌓는 바탕이 된다. 악이 욕심에서 생겨나기는 하나 욕심이 곧 악은 아니다. 이 몸을 보호하고 영혼과 정신을 도와주는 것 또한 욕심인데 사람이 사욕에 빠져버려서 허물이 되고 알이 되어 뿌리를 박는 것이다. 악의 뿌리가 마음속에 도사리면 부유해지고 귀해지고 편하고자 하는 세 개의 큰 줄기가 밖으로 뻗어나가게 된다. 이 세 가지 줄기에서 또다시 가지가 생겨난다. 부유해지기 원하면 탐욕이 생기고, 귀해지기 원하면 오만이 생기고, 편하기 원하면 식탐과 음란함과 게으름이 생긴다. 나보다 부유하고 편한 사람을 보면 질투심이 생기고 내 것을 빼앗기면 분노가 생기니 이것들이 바로 일곱 개의 가지인 것이다.

탐욕이 돌처럼 단단하면 베풂으로 풀고, 오만이 사자처럼 사나우면 겸손으로써 누르고, 식탐이 골짜기처럼 크면 절제로 막고, 음란함이 물처럼 넘치면 정절로 멈추고, 게으름이 지친 말처럼 늘어지면 부지런함으로 채찍질하고, 질투심이 파도처럼 넘치면 너그러움으로 가라앉히고, 분노가 불처럼 일면 인내로 꺼야 한다.

이 중에는 우리 유학의 도에서 밝히지 못한 도리도 있으니 극기 공부에 큰 도움이 될 것입니다. 오직 조심해야 할 건 천주와 마귀의 도입니다. 그것들은 참으로 해괴하지요. 그것만 조심한다면 우리 도와 크게 다를 바는 없습니다.

53

서양의 천문 역법과 그림 그리는 화법도 뛰어나지만 내게 한 가지만 들라면 안경을 들겠습니다. 동전처럼 생긴 유리알과 짐승 뿔로 만든 테를 갖춘 이 작은 물건 하나가 참으로 묘한 힘을 발휘합니다. 지금껏 눈 찌푸려가며 어렵게 읽었던 글자들이 한 글자 한 글자 선명하게 보이니 꼭 전에는 몰랐던 새로운 책을 읽는 기분이랍니다. 촌 늙은이의 침침한 눈을 젊은이의 눈으로 바꿔주었으니 이 안경이야말로 보배 중의 보배이며 천금보다도 귀한 물건이지요. 조금 더 보태자면 서양 사람들이 하늘을 대신해 인을 행한 것이라고 할 수 있겠습니다. 아직 젊은 그대는 안경에 대한 내 상찬이 그리 실감이 나지는 않을 것입니다. 이럴 때 쓸 수 있는 무기란 그대도 늙어보면 알 것이라는 저주에 가까운 말뿐이겠지요.

세상에서는 이마두가 만력 9년(1581)에 중국에 올 때 안경을 처음 전했다고들 합니다. 그러나 내가 살펴보니 이는 사실과 다른 것 같습니다. 그보다 오래전의 명 선종宣宗 시절(재위 1425~35)의 책에 이미 안경을 다룬 기록이 나오니까요.

커다란 동전 같은 것이 두 개 달렸는데 모양과 색깔이 운모라는 광물과 비슷하다. 자루와 끈도 달렸는데 사용할 때 그 끝을 합치면 하나가 되고 가르면 둘이 된다. 눈이 어두워진 노인들이 작은 글자를 분별하지 못할 때 이 안경을 양쪽 눈에 걸면 작은 글자도 밝게 보인다.

나는 이 안경이 서역의 만리국(말레이시아의 중국명)에서 왔다고 보는데 그대는 어떻게 생각하는지요?

54

그대의 말대로 왜인들에게서도 배울 것은 배워야 합니다. 왜인들은 성을 쌓을 때 아래는 넓고 위는 좁게 합니다. 성벽을 타고 올라가기 어렵게 한 것이지요. 또한 충격에도 버티는 힘이 강해서 웬만해서는 무너지지 않습니다. 우리의 성은 어떤가요? 그저 우뚝하기만 하니 왜인들의 성과는 비교도 되지 않지요. 그러므로 왜인들의 성은 공격이 몹시 어려워 옛날부터 외국의 침입을 많이 당하지 않았던 겁니다.

왜란 때의 일입니다. 평양성을 차지하고 있던 왜인들은 명나라 구원병이 도착하자 성 안에 토굴을 만들어 버렸습니다. 성이 허물어지고 성문이 열려서 기병과 보병이 쳐들어왔지만 왜인들은 토굴 속에서 총을 쏘며 저항했습니다. 토굴이 워낙 견고했던 까닭에 오히려 명나라 병사들이 많은 피해를 입었지요. 승승장구하며 왔던 그들도 결국 성 밖으로 물러나지 않을 수 없었습니다. 이렇듯 왜인들은 성을 지키는 데 있어서는 기기묘묘한 책략을 지닌 이들이니 군사 전문가들은 깊이 살펴보아야 할 것입니다.

왜인들이 발간한 책 또한 눈여겨보아야 합니다. 중국의 희귀 서적은 물론이고 우리나라에서는 이미 사라진 고려 때의 책들도 활발하게 발간되고 있다고 합니다.《동국이상국집東國李相國集》도 실은 왜에서 가져와 다시 발간한 것입니다. 내용도 내용이지만 글자의 획들도 참 가지런해서 읽기에 좋지요.

55

그대가 언급한 대로 불가에서도 배울 것이 있습니다. 그들이 믿고 섬기는 도가 올바른 것이라 할 수는 없지만 그들이 온 정신과 마음을 다해 공부에 매진하는 모습은 참으로 독실합니다. 그대에게 묻겠습니다. 우리 도를 공부하는 유생들의 공부도 과연 그러합니까?

유학을 공부하는 이들은 말끝마다 이단을 들먹이며 무조건 배척을 합니다. 그들이 과연 유학을 공부하고 불교를 배척해야 하는 그 이유조차 제대로 알고 있는지 의심스럽습니다. 나는 불가에서 스승을 모시듯 우리 도를 믿고 지키는 이를 여태 보지 못했습니다. 이런 낮은 식견으로 온 정성을 다해 정밀하고 전일하게 공부하는 이들을 어떻게 배척하겠다는 건지 알 수 없습니다.

승려들이 속유보다 나은 점이 네 가지 있습니다. 스승을 높이고

도를 믿는 것이 첫 번째이며, 마음을 안일하게 먹지 않는 것이 두 번째이며, 식욕과 색욕을 끊는 것이 세 번째, 세상 만물을 자비의 마음으로 대하는 것이 네 번째입니다. 식욕과 색욕과 자비는 과한 면이 있지만 속유들의 형편없는 행실에 비하면 흠잡을 만한 일은 아닙니다.

나는 한때 절간에서 지낸 적이 있습니다. 그때 나는 승려들의 행실이 사대부보다 더 나은 것을 보곤 남몰래 깊은 한숨을 쉬었습니다. 그때와 비교해 달라진 것이 있다고 나는 말하지 못하겠습니다.

56

젊은 벗이여, 오래간만에 땅을 천천히 일구다가 문득 깨닫습니다. 공부와 농사는 여러모로 비슷하다는 사실을 손과 발을 통해 새삼 깨닫습니다.

읽고 외우는 것은 씨앗을 뿌리고 심는 것이며, 생각하고 답을 찾는 것은 밭을 고르는 것이며, 실천하는 것은 수확하여 배불리 먹는 것입니다. 사람들은 농사를 지으면 반드시 수확이 있어야 한다고 여기면서 공부를 하면 반드시 깨달음이 있어야 한다는 사실은 모릅니다.

그대는 내가 말하는 이 사람들과는 다르겠지요!

◇◈ 추신 ◈◇

벗에게 들은 이야기 하나를 그대에게 전하겠습니다.

아들과 함께 온 걸인이 밥을 구걸하고 문 안에서 잠만 자게 해달라고 부탁하기에 그렇게 했다고 합니다. 그런데 그 걸인이 품 안에서 책 한 권을 꺼내더니 어스름한 불빛에 의지해 아이를 가르치더랍니다.

그대에게 독서, 두 글자만 말하겠습니다. 일찍이 젊었을 적에 나이 먹은 이들이 하도 이 소리를 반복하기에 에잇 하고는 등을 돌려버린 적이 있었습니다. 그대의 넓은 등이 내 눈에 보이는 것 같아 하하 웃습니다.

57

한쪽 눈이 먼 암탉이 있었습니다. 왼쪽 또한 사팔눈이었지요. 낟알이 그릇에 가득 차 있지 않으면 쫄 수 없었고, 몸을 움직였다 하면 담장에 세게 부딪혔습니다. 어쩔 줄을 몰라 하다가 우왕좌왕 하면서 슬슬 피하기나 하니 모두들 이 닭은 새끼를 기를 수 없을 것이라고들 말했지요. 날이 차서 병아리가 나왔기에 다른 닭에게 주려고 했는데 나를 쳐다보는 모습이 가엾어서 차마 그러지 못했 습니다.

얼마 후 이 암탉을 다시 살펴보았습니다. 달리 하는 일도 없이 항상 섬돌과 뜰 사이에서 떠나지 않았는데 병아리는 어느새 부쩍 성장해 있었습니다. 멀쩡한 어미 닭들의 경우에도 병아리를 잃어 버리거나 상해를 입혀서 제대로 자란 놈들은 절반도 되지 않았는 데 이 닭은 온전하게 병아리를 키운 것입니다. 어떻게 된 걸까요?

잘 기르는 방법은 두 가지입니다. 먹이를 잘 구하는 것과 위험이 닥쳤을 때 방어를 잘하는 것입니다. 먹이를 잘 구하려면 건강해야 하고 위험을 벗어나려면 사나워야 합니다. 병아리를 부화한 어미 닭의 부리와 발톱은 뭉툭합니다. 쉴 새 없이 흙을 파헤쳐 벌레를 잡기 때문이지요. 그동안에도 고개는 쉬지 않고 움직입니다. 위로는 까마귀와 솔개를 살펴야 하고 옆으로는 고양이와 개를 감시해야 하기 때문이지요. 그러다가 위험이 닥치면 주둥이로 쪼아대고 날개를 퍼덕이면서 죽을힘을 다해 싸우니, 참으로 새끼를 키우는 방도를 명쾌하게 터득한 것처럼 보입니다.

하지만 병아리를 이끌고 숲 덤불을 분주하게 다니는 사이 어미 닭의 힘은 다하고 몸은 병들어갑니다. 지치고 병든 틈에 병아리를 잃어버리거나 물이나 불 속에 빠뜨리기도 하니 이렇듯 지쳤을 때 재앙이 갑자기 닥치면 어렵게 먹이를 구해도 소용이 없게 되지요. 꺼지기 직전의 불길처럼 남은 힘을 다해 맹렬하게 보호하지만 위험이 사라진 뒤에 살펴보면 이미 병아리는 열에 여섯, 일곱은 죽은 후입니다. 병아리를 이끌고 워낙 멀리 나간 터라 사람도 보호해줄 수 없게 되어 사나운 맹수의 밥이 되는 경우도 많습니다.

그렇다면 외눈박이 닭은 어떻게 병아리를 키웠을까요? 멀리 다니지 못하므로 늘 가까운 곳에서 사람에게 의지했습니다. 주위를 제대로 살피지도 못하므로 항상 두려움을 가슴에 품고 있었습니다. 행동은 느릿느릿했고 그저 안아주고 덮어주는 것 말고는 병아리를 위해 크게 애를 쓰지도 않았습니다. 그럼에도 병아리는 스스로 먹이를 찾아 먹으면서 잘 자랐습니다.

새끼는 작은 생선을 삶듯 조심스럽게 해야 합니다. 절대로 요란을 떨어서는 안 됩니다. 외눈박이 닭이 병아리를 잘 기른 것은 지혜로워서가 아니라 늘 조심하고 두려워했기 때문입니다.

또 이런 일도 있었습니다. 유난히 자애로운 어미 닭이 있었습니다. 처음 부화한 병아리들이 조금 자란 뒤에 다시 두 번째 병아리들을 부화시켰는데 어미 닭은 조금 큰 병아리들까지 잊지 않고 먹이를 갖다 먹였습니다. 큰 것들은 갓 날개가 났고 작은 것들은 아직 솜털 상태였지요. 그러던 어느 날 밤 들짐승이 닭장을 덮쳤습니다. 어미 닭은 잡아먹혔고, 큰 병아리들도 대부분 사라졌습니다. 큰 병아리들 중 남은 건 암놈 하나뿐이었지요. 용케 도망치기는 했으나 머리와 어깨의 털이 빠지고 병들어 먹이를 쪼지도 못했습니다. 남은 병아리들은 울면서 어미를 찾았습니다. 지켜보는 사람의 마음이 아플 지경이었지요.

그런데 예상하지 못한 일이 일어났습니다. 조금이나마 기운을 차린 그 암탉이 남은 병아리들을 끌어다 품는 게 아니겠습니까? 처음에는 우연이라고 여겼습니다. 하지만 우연이 아니었습니다.

암탉은 먹이를 얻으면 자기 혼자 먹지 않고 반드시 병아리들을 불렀습니다. 병아리들을 찾으면서 내는 소리가 뜰과 섬돌에 가득했습니다. 위험이 닥치면 날개를 푸드득거리고 깃을 펴서 병아리들을 보호했습니다. 병아리들이 보이지 않으면 여기저기 찾아다니면서 미친 듯이 날뛰기도 했습니다. 이렇다 보니 병아리들도 암탉을 어미처럼 잘 따르게 되었지요. 장마가 계속되던 어느 날인가는 암탉이 두 날개를 펴서 병아리들을 덮었습니다. 체구가 작아 다리를 굽히지도 못하고 똑바로 서서 밤을 지냈지요. 나는 이 암탉을 보고 감탄해 '우정을 아는 닭[友鷄]'이라는 별호를 선물했습니다.

식구들 중 올바르지 않은 행동을 한 이가 있으면 닭을 가리키며 말했지요.

"저 닭을 보아라."

그러면 이내 부끄러워하며 행동을 고쳤습니다. 사람을 깨우치게 하는 닭이니 실로 성인 같은 암탉 아닙니까?

58

닭을 말하면서 노자와—새끼는 작은 생선을 삶듯 조심스럽게 해야 한다는 문장은 그대 말대로 노자에서 가져온 것입니다. 원래 문장은 "큰 나라는 작은 생선을 삶듯 다스려야 한다"이지요— 성인까지 동원한 내 편지가 재미있어 한참을 웃었다니 다행이로군요. 더 재미있는 것을 알려드릴까요? 나는 외눈박이 닭과 우정을 아는 닭 이 두 마리의 이야기에 살을 더 붙여 전傳으로 다시 쓸 생각입니다. 웬만한 사람보다 훨씬 나으니 전에 수록될 만하지요!

기왕 노자와 성인을 들먹인 김에 이번에는 정자程子를 인용하도록 하겠습니다. 정자께서는 일찍이 병아리를 살펴본다는 말씀을 남기셨지요. 나는 그 말씀이 《서경書經》의 구절과 일치한다고 생각합니다. 갓난아이 돌보듯 하면 백성은 늘 편안하리라는 그 유명한 구절 말입니다.

털과 날개가 아직 제대로 자라지 않은 병아리가 닭으로 자라기 위해서는 온갖 어려움을 이겨내야 합니다. 솔개와 매는 위에서 틈을 엿보고 생쥐와 족제비는 아래에서 기회를 노리지요. 삵과 고양이는 닭장을 덮치려 하고 아이들은 기왓장과 돌멩이를 던집니다. 사람이 돌봐주면 괜찮지요. 하지만 돌보는 이의 마음이 조금만 게을러지면 위기가 닥치기도 하지요. 이 점은 늘 주의해야 합니다.

추위와 굶주림 또한 병아리의 큰 적입니다. 병아리의 숫자가 많기 때문에 모두가 잘 먹기는 어렵지요. 병아리는 털이 얇아 추위에 몹시 취약한데 배를 제대로 채우지 못한 경우엔 더더욱 추워하곤 합니다. 이럴 때는 뜰 안에 싸라기를 뿌려주는 게 좋습니다. 배가 부르면 서로 덮어주고 안아주며 추위를 이겨낼 수 있고 먹이를 구하기 위해 멀리 나가지 않아도 되니 걱정도 줄어들게 됩니다. 또한 나는 남은 밥을 병아리들에게 주곤 합니다. 어떤 이는 밥을 주면 똥구멍이 막혀서 죽는다고 말하기도 합니다. 똥구멍이 막히는 것은 꽁무니 밑 부드러운 털에 똥이 맺히기 때문입니다. 이 부드러운 털을 가위로 잘라주면 똥을 싸는 데 아무 문제도 없지요!

사람들이 병아리에 대해 잘 모르는 건 어려움 없이 사는 이들이 백성들의 고통을 모르는 것과 마찬가지입니다. 가난으로 고통을 겪는 것도 모자라 제대로 관심을 받지도 못하니 이곳저곳 떠돌다가 도랑과 구덩이에서 생을 마감하지 않을 도리가 있겠습니까?

59

그대가 나를 '닭 할아버지[鷄翁]'라고 놀려댔으니 이제 닭 이야기는 그만하겠습니다.

내가 생각하기에 침으로 쏘는 벌레 중에 꿀벌처럼 어질고 착한 존재는 없습니다. 꿀벌은 다른 벌레와 다투지도 않습니다. 벌레라는 종류는 잎과 열매는 갉아서 먹고 껍질과 뿌리는 파먹는 등 풀과 나무에 어느 정도는 해를 끼치기 마련이지요. 그런데 오직 꿀벌만은 꽃가루와 이슬 따위의 쓸모없는 것들을 먹고 삽니다.

꿀벌의 세계에도 임금과 신하가 있다는 것을 압니까? 임금 벌은 하는 일 없이 위에서 편하게 있고, 신하 벌들은 밑에서 온갖 노력을 해야 합니다. 타고난 생김새가 달라서 신하 벌들은 아예 반란을 일으킬 수도 없습니다. 또한 신하 벌들은 비록 임금의 은혜가 미치지 않더라도 원망도 배반도 하지 않습니다. 화가 나서 침을 쏘면 죽게 되지만 간혹 발휘하는 그 용맹은 임금을 위한 것이지요. 벌의 세계에도 덕과 질서가 있음을 이를 통해 알 수 있습니다!

◇◇ 추신 ◇◇

아무래도 닭 할아버지보다는 '닭 아버지[鷄父]'가 낫겠습니다! 부디 나를 닭 아버지로 불러주십시오.

60

　팔십 노인의 박학博學이 뭐 그리 대단하겠습니까? 호기심 많은 천성 탓에 이것저것 기웃거리다 보니 얻은 지식일 뿐입니다. 세상 모든 지식에 통달하는 것이 그대의 꿈이라니 그 커다란 포부에 찬사를 보냅니다. 나는 실패했으나 그대는 꼭 이루리라 확신합니다. 혹시나 해서 잔소리 비슷한 말 한마디만 마지막으로 더하겠습니다. 박학이란 지식의 양이 많음을 말하는 것이 아닙니다. 널리 배우되 정미하게 살피는 과정이 필요하지요. 지식의 습득에만 치중해서 현실과 멀어지는 것 또한 조심해야 합니다. 요는 집중과 실용의 관점이 필요하다는 것이지요!

　벌 이야기가 신기하고 재미있었다니 조금 더 소개해보겠습니다. 수십 년간 꿀벌을 기르면서 얻은 지식이므로 그대는 대부분 처음 듣는 내용일 거라 믿습니다.

벌을 기르는 일은 벌통에서부터 시작합니다. 벌통을 고를 때는 둘레가 크고 길이가 긴 것은 피해야 합니다. 통이 너무 크고 길면 벌이 잘 되지 않는 경우가 많기 때문입니다. 벌통을 놓는 바닥은 평평해야 하며 그 평평한 바닥에 받침돌을 놓아 벌통의 높이를 조절해줘야 합니다. 벌통이 낮은 곳에 있으면 나쁜 벌레가 침입하기 쉽고, 바닥이 고르지 않으면 습기가 차서 벌레가 많이 생깁니다. 벌통을 칠할 때는 빠뜨린 곳 없이 세밀하게 해야 합니다. 벌은 바람을 두려워하니까요. 두꺼운 뚜껑을 쓰는 것도 중요합니다. 뚜껑이 두껍지 않으면 얼어 죽을 수도 있습니다. 벌통의 윗부분은 뾰족한 것이 좋습니다. 그렇지 않으면 닭이 올라가 쓰러뜨리게 됩니다. 입구에는 촘촘한 발을 둘러서 나방과 땅벌을 막아야 합니다. 겨울이 되면 받침돌과 통이 연결되는 부분을 두껍게 칠해서 바람을 막아야 하며, 여름철이 되면 바람을 잘 통하게 해서 습기를 좋아하는 벌레를 방지해야 합니다.

벌을 해치는 벌레는 땅벌과 나방 말고도 참으로 많습니다. 갈거미와 집게벌레는 통 밑에 숨어 있다가 아침저녁으로 벌을 잡아먹습니다. 거미는 벌이 드나드는 길에 거미줄을 쳐놓는데 이슬이 내린 아침에는 유난히 벌이 많이 걸립니다. 거미는 잡아서 멀리 던져버려도 밤이 되면 반드시 되돌아옵니다. 두꺼비, 사마귀, 개미, 모기, 깡충거미 또한 벌들에겐 위험한 적들입니다. 닭들도 배가 고프면 벌을 쪼아 먹고 제비도 벌을 잡아다 새끼에게 먹이지요.

가장 막기 어려운 건 귀뚜라미와 개구리입니다. 귀뚜라미는 수도 없이 몰려와서 공중으로 다니면서 벌을 잡아먹는데 배가 불러야 겨우 먹기를 그칩니다. 작은 활과 화살촉 주위를 끈으로 감은 화살로―화살촉의 면적을 넓히는 것이지요―귀뚜라미를 쏘면 다는 아니어도 조금은 없앨 수 있습니다. 개구리는 벌을 따라 뛰어오르면서 잡아 삼키는데 사람만 보면 도망을 가니 없애기가 어렵습니다. 벌통 주위의 풀을 베어버리고 아침저녁으로 지켜보는 게 최선이지요. 이 벌레들은 벌 기르는 사람들이 마땅히 알아야 할 것들입니다. 이 정도만 알고 있다면 그대 또한 오늘 당장 벌을 키우기 시작해도 될 거라고 믿습니다. 물론 그대의 마음이 동해야 가능한 일이겠지만 말입니다!

61

'금강산 1만 2천 봉우리'를 보고 오기로 마음을 먹었다니 잘한 일입니다. 더 늦기 전에 유람하기로 결정한 것도 잘한 일이고, 스승처럼 모신다는 그대의 큰 형님과 함께 가기로 결정한 것도 잘한 일입니다. 나 또한 그대 나이 즈음에 금강산에 다녀온 적이 있지요. 하지만 말 그대로 다녀온 것에 불과할 뿐 금강산을 제대로 보지는 못했습니다. 그저 기억나는 것이라곤 높이 솟은 곳은 봉우리이며, 경사진 곳은 언덕이며, 깊이 파인 곳은 골짜기이며, 물이 쏟아지는 곳은 폭포라는 것이 전부입니다. 전체를 조망할 생각은 못하고 드러난 형체를 보며 감탄하기에만 급급했기 때문이지요. 시골 선비가 안내해주는 사람도 없이 자기 혼자 궁궐을 둘러보며 놀라는 꼴과 하나도 다름이 없었답니다. 그렇기에 안목 높기로 소문난 그대의 큰 형님과 동행하기로 한 결정에 대해 잘했다고 말하는 것입니다. 혼미한 자를 정문일침으로 깨우쳐주는 이가 없다면 아무리 많은 것들을 보았더라도 진정한 유람을 했다고 말할 수 없습니다.

◇◆ 추신 ◇◆

사실 1만 2천은 봉우리의 숫자를 말하는 것은 아닙니다. 가정 이곡李穀의 장안사長安寺 비문을 인용해보겠습니다.

금강산의 뛰어난 경치는 천하에 이름이 났을 뿐 아니라 실제로 불경에도 기록되어 있다. 《화엄경華嚴經》에 '동북쪽 바다 가운데 금강산이 있으니 담무갈보살이 1만 2천의 보살과 더불어 항상 반야경을 설법했다'는 구절이 바로 그것이다.

그러니까 1만 2천은 봉우리의 숫자가 아니라 보살의 숫자인 것이지요. 내가 비록 금강산을 정신없이 보기는 했지만 그래도 그 봉우리가 1만 2천에 미치지 못한다는 것은 분명히 알아차렸습니다.

물론 그대가 '1만 2천 봉우리'라고 한 것은 실제로 1만 2천 봉우리가 있다고 믿어서 쓴 게 아니라 그저 관습적으로 쓰는 표현을 깊은 생각 없이 가져온 것이겠지요. 그래도 모른 체 그냥 넘어가는 건 벗의 도리가 아니라 몇 자 써보았습니다. 괜히 유람을 앞두고 들뜬 그대의 기분을 망친 건 아닌지 모르겠습니다.

하지만 그대가 박학을 추구하겠다고 했으니 사실과 다른 표현을 읽고서 아무 것도 아닌 것처럼 그냥 넘어갈 수는 없었습니다. 다시 말하지만 정미함이 빠지면 박학은 무의미합니다. 봉우리 이야기는 이만 줄이겠습니다. 노인 특유의 깐깐함이 이상한 쪽에서 발휘되었거니 생각하고 이해해주리라 믿습니다.

62

금강산에서 도착한 그대의 짧은 편지를 받았습니다. 그리 길지 않은 편지를 여러 번 읽은 후 상자에 넣고는 책을 펼쳤습니다. 오늘따라 글자가 영 눈에 들어오지를 않아 책을 덮고 오래간만에 술한 잔을 마셨습니다. 따뜻하게 데운 소주 한 잔을 천천히 마시며 말을 타고 이 나라 곳곳을 다니던 시절을 떠올렸습니다.

나는 참 많이도 다녔습니다. 금강산을 다녀온 건 이미 말했던 바고, 원주, 함흥, 공주, 부여, 순창, 남원, 안동, 봉화, 금천 등도 둘러보았지요. 물론 이제는 다 지나간 시절의 이야기입니다. 팔십 노인이 된 지금은 그저 깊은 밤 베개에 기대어 어서 동이 트기만을 기다릴 뿐입니다. 책을 덮은 책상 위에 놓인 건 그저 약 처방전뿐이니 웃음과 한숨이 저절로 나옵니다. 아, 적토마는 아니더라도 날쌘 말 한 마리 골라 타고 햇볕이 따뜻하게 달궈놓은 넓은 들판을 마음껏 질주하고 싶습니다.

제주에 가보고 싶습니다. 바다의 물고기가 변한 것이라는 사슴을 내 두 눈으로 꼭 보고 싶습니다.

동해에 가보고 싶습니다. 용과 고래가 함께 뛰노는 동해의 바다를 내 두 눈으로 꼭 보고 싶습니다.

북관에 가보고 싶습니다. 머리를 길게 기른 남자들, 활을 쏘는 여인들, 곰과 호랑이를 사냥하는 무인들의 모습을 내 두 눈으로 꼭 보고 싶습니다.

헛된 망상이라는 것, 나도 잘 압니다. 잘 알기에 마음엔 크나큰 슬픔이 가득합니다. 아무래도 이 편지는 부치지 못하겠습니다.

63

그대가 보내온 부채는 잘 받았습니다. 광지 강세황의 신묘한 금강산 그림까지 그려져 있으니 이 노인 또한 금강산을 다녀온 것이나 다를 바가 없겠습니다!

그대 말대로 《시경》의 〈작소鵲巢〉편에 대한 주자의 해석에는 이해하기 어려운 점이 있습니다. 주자께서는 '까치집에 비둘기가 살고 있네'라는 구절을 해석하시면서 비둘기는 원래 성품이 졸렬해서 자기 집을 짓지 못하므로 까치집에 산다고 말씀하셨지요. 내가 시골에 살면서 비둘기들을 많이 봐왔지만 그 어떤 비둘기도 까치집을 차지하고 살지는 않았습니다. 주자의 해석에는 분명 이유가 있을 것입니다. 그러나 내가 관찰한 사실에 부합하지 않는 것만큼은 확실합니다.

조금 다른 이야기이기는 하나 솔개가 황새의 둥지를 차지하는 경우는 내가 똑똑히 보았습니다. 황새와 솔개가 다투는 걸 보고 지은 시 한 편을 함께 보내니 마음껏 웃어주십시오.

황새가 살던 둥지를 솔개가 차지했는데
황새가 돌아오자 솔개가 싫어하네.
황새가 고생하며 터를 닦은 건 사실이나
솔개도 고치느라 수고를 많이 했다네.
솔개는 가볍게 날아서 날개로 후려치며
황새는 예리한 부리로 쪼아대네.
누가 옳고 누가 그를까?
하늘 보며 웃을 뿐, 나는 모른다!

◈◈ 추신 ◈◈

날이 화창하니 벌은 열심히 꿀을 모으고 새들도 가지에서 편안히 쉽니다. 지팡이 짚고 나와 들판을 바라보니 마음이 참 좋습니다. 오늘은 그대도 들판을 한번 걸어보기 바랍니다.

64

　온갖 꽃이 만발하니 늘 조용하던 마을 사람들도 모처럼 꽃구경을 하러 산으로 들로 나섭니다. 하지만 요즈음 나는 다리가 아파서 걷기가 힘이 듭니다. 그래서 그저 문틈으로만 꽃을 감상할 뿐이지요. 그것 또한 흥취가 있어서 그대가 생각하는 것만큼 끔찍하게 나쁘지는 않습니다. "새싹 돋는 가지 끝에 핀 붉은 꽃 한 송이, 마음을 움직이는 봄 경치는 꼭 많을 필요는 없도다" 하는 옛 시구가 옳다는 것을 다시 한 번 느낍니다.

65

들판에서 시끌벅적하게 고기를 구워 먹는 이들을 보고 눈살을 찌푸렸다니 이 또한 그대답습니다. 요즈음 사람들이 넓은 곳에서 고기 구워 먹는 일을 하나의 새로운 도락처럼 생각한다는 이야기 는 나 또한 여러 차례 들은 적이 있습니다.

상진尚震 재상은 일찍이 이렇게 말한 적이 있지요.

"살아 있는 동물들을 보고 어찌 잡아먹을 일부터 생각하는가."

사람이라면 마땅히 이 준엄한 말을 통해 깨달음을 얻고 반성을 할 일입니다. 닭이나 개가 미물이기는 하나 그렇다고 해서 손가락 으로 가리키면서 고기 맛이 좋다느니 나쁘다느니 떠들어대거나, 삶아 먹어야 한다느니 구워 먹어야 한다느니 평을 하는 것을 들으 면 나도 모르게 이맛살이 찌푸려집니다.

기회만 된다면 짐승을 잡아먹으려는 이들의 마음에 있는 도는 오직 하나뿐이지요, 약육강식!

그것은 사람의 도가 아니라 짐승의 도입니다.

66

그대 말대로 고기를 아예 안 먹을 수는 없습니다. 인간이 처음 생겨났을 때부터 동물의 고기를 먹고 피를 마시고 그 털과 가죽을 이용해 옷을 만들어 입은 것은 사실이니까요. 동물을 이용하는 것은 우리들 삶에서 없어서는 안 될 중요한 요소가 되었습니다. 그렇기에 노인을 모실 때도 고기를 쓰고, 제사를 행할 때도 쓰고, 손님을 접대할 때도 쓰고, 병을 치료할 때도 쓰는 것이지요. 역사와 전통이 되었으니 한 개인의 견해로 폐지할 수 있는 게 아니라는 뜻입니다.

성인이 고기 먹는 풍습을 없앴더라면 지금처럼 많은 살생이 이루어지지는 않았겠지요. 하지만 이는 부질없는 가정일 뿐입니다. 그러므로 고기는 먹되, 거리낌 없는 마음으로가 아니라 부득이하니 어쩔 수 없다는 마음으로 먹어야 할 것입니다.

내 생각을 정리해 쓰기는 했으나 불가의 자비라는 가르침 한 가지는 아무래도 옳다는 생각을 좀처럼 떨쳐버릴 수가 없어 또다시 상진 재상을 떠올립니다. 하나뿐인 아들을 잃고 슬퍼하던 상진은 이렇게 말했다지요.

"남을 해칠 마음을 갖지 않고 평생을 살아왔지만 그래도 한 가지가 걸리는구나. 평안도관찰사로 있던 시절 백성에게 파리를 잡으라는 명령을 내렸고 이 때문에 시장에서는 파리를 파는 사람까지 생겨났으니 내가 아들을 잃은 건 아무래도 그때 일에 대한 앙갚음인 모양이다."

또한 선조의 아들 인성군仁城君은 사형을 당해 죽기 전에 이렇게 말했다지요.

"임금님의 명령을 받들어 옛 건물을 철거하는 와중에 기와 사이에서 살던 참새 새끼들이 모조리 죽은 일이 있었다. 차마 못할 짓이었다고 늘 가슴 아파했는데 오늘에야 그 앙갚음을 당하는구나."

세상에는 아무렇지도 않게 짐승들을 잡아먹는 이들이 있는가 하면 참새 한 마리, 파리 한 마리 때문에 죽는 순간까지도 고민하는 이들도 있는 것입니다.

그대를 믿고 말하겠습니다. 나 또한 내가 미물들에게 잘못을 저지른 적은 없는지 깊이 고민한 적이 있습니다. '내가 얼마나 많은 벌레와 새와 짐승들을 죽였기에 내 선친과 둘째 형님이 정해진 명을 다 살지 못하고 유배지와 형장에서 생을 마감해야만 했던 걸까' 하고 고민하고 또 고민한 적이 있습니다. 그대 당 사람들을 비난하는 건 절대 아닙니다. 내 선친과 형님을 죽게 만든 자들에 대해서는 이미 다 잊었습니다. 나는 그저 내 스스로를 책망할 뿐입니다. 더 말할 필요는 없겠지만 이 편지는 꼭 불태워 없애버리기 바랍니다.

67

내 아들 맹휴孟休에 대한 추모는 고맙게 받겠습니다. 돌아보니 아들이 세상을 떠난 지 벌써 10년 가까이 되었군요. 아이가 태어났을 때 읽고 있던 맹자의 맹을 따다가 이름에 붙인 것도 엊그제 같은데 그 아이가 세상을 떠난 지 10년이라니 시간이 참으로 빠르게 흐릅니다.

하지만 명확히 할 것이 하나 있습니다. 나는 아들의 죽음이 내 잘못에서 비롯되었다고 믿지는 않습니다. 선친과 둘째 형님의 죽음에는 책임을 느끼지만 아들의 경우는 그렇지 않습니다. 맹휴가 병에 걸려서 생사의 기로에 섰을 때 나는 내가 할 수 있는 모든 도리를 다 했습니다. 나는 먹지도 않고 자지도 않고 아침부터 저녁까지, 저녁부터 다시 아침까지 맹휴의 곁만 지켰습니다. 맹휴에게 약과 밥을 먹이면서 그 아이의 곁을 결코 떠나지 않았습니다.

맹휴가 죽은 뒤에 내가 어떻게 했는지 그대는 압니까? 밥 한 공기를 다 비우고는 방으로 들어가 코를 골며 잠을 잤습니다. 인정이 아니라는 비난이 있기에 이렇게 말했지요.

"아들이 살아 있는 동안 나는 내가 할 수 있는 모든 도리를 다 했습니다. 그랬음에도 아들이 죽은 건 하늘의 뜻입니다. 하늘과 맞서 싸울 수는 없으니 이제부터는 편안히 먹고 자며 남은 생을 마치렵니다."

인정머리 없는 노인이라 비난해도 좋습니다. 그래도 어쩔 수 없습니다. 이것이 바로 그대가 편지를 주고받는 나라는 인간의 참모습입니다.

68

그대의 방문은 절대 허락할 수 없습니다.

벗이 꼭 얼굴을 맞대야 할 이유는 없습니다.

각자 스스로 노력하면서 들은 바를 존중하고 아는 바를 실천하는 것도 우정이지요.

부디 내 뜻을 잘 헤아리기 바랍니다!

무관심과 혐오를 넘어, 따뜻한 사회를 꿈꾸는 사람들에게

–나와 다른 사람을 이해하려고 노력하는 데서 관용이 싹튼다

거지를 보며 노력하지도 않고 구걸로 먹고사는 게으른 사람이라고 생각하면 빈부격차를 해결할 수도 없고 혐오만 커질 뿐이다. 그보다 상대가 왜 그런 상황에 처해 있을 수밖에 없는지를 먼저 알고자 해야 더불어 사는 사회를 만들 수 있다.

–생명을 아끼는 마음은 사람을 귀히 여기는 마음과 같다

이익은 벌이나 닭 같은 미물도 소중한 존재라고 여기고 열과 성을 다해 돌봤으며 무분별한 육식을 경계했다. 이런 마음은 노비의 수고를 고맙게 여기고, 전쟁에 희생당하는 평범한 사람들을 안타깝게 여기는 마음과 다르지 않다.

–누구에게나 최소한의 삶을 보장해주어야 살기 좋은 사회다

각각의 개인이 타인을 존중하는 것만으로는 더불어 사는 사회를 만들 수 없다. 그렇다고 나와 상관없는 일이라며 세상의 부조리를 외면해서도 안 된다. 누구나 최소한의 삶을 살 수 있도록 법과 제도를 통한 기반이 마련되어야 하며, 그러기 위해서는 우리 모두가 움직여야 한다.

제3장

나와
세상을 바꾸는
공부

주자의 《중용장구中庸章句》를 읽고 있다고 하니 한 가지만 말하 겠습니다. 반드시 의심하면서 읽으십시오. 공부를 할 때는 모든 것 을 의심해야 하는 법입니다. 의심 없이는 견고함을 얻을 수 없으니 그대의 머리로는 도무지 납득하기 어려운 구절이 나오면 무작정 건너뛰지 말고, 그 구절에 눈을 박고 의심하고 또 의심하십시오.

이 나라의 공부하는 이들은 좀처럼 의심하지 않습니다. 성인의 말씀이면 무조건 옳겠거니 생각하고 외우고 떠받들기만 할 뿐이 지요. 이 나라에서 참된 학자가 잘 나오지 않는 이유입니다. 나는 일찍이 사람들에게 가르치는 것은 당연히 어렵지만 배우는 것 또 한 무척 어렵다고 말했습니다. 성인의 말씀을 그대로 따르기만 한 다면 어려울 게 하나도 없겠지요. 하지만 일단 의심하기 시작하면 그것보다 어려운 것은 세상에 없습니다. 내가 알고 있던 세계가 완

전히 무너지는 셈이니까요. 그러니 의심하고 또 의심하세요. 자득
自得, 스스로 깨닫지 않으면 그 어떤 결실도 없습니다!

어떤 이들은 성인의 견해를 의심하는 건 외람된 행동이라고들
말합니다. 그렇게 말하는 이들은 주자의 참된 마음을 전혀 모르는
사람들입니다. 주자를 오히려 욕되게 만드는 사람들입니다.

그러니 그대여, 성인을 아끼고 사랑한다면 부디 의심하고 또 의
심하세요!

70

집안의 모든 일을 조금의 빈틈도 없이 챙기는 가장이 있다고 생각해봅시다. 자식들은 가장만 믿고 의지해서 이렇게 말하곤 했습니다.

"무슨 일이 생기면 우리 부친께서 알아서 처리하실 것이다."

그렇다면 자식들에게 부친이 없는 사이에 일이 생기면 어떻게 할 것인지 묻고 싶습니다. 과연 그들이 위기를 무사히 넘길 수 있을까요? 그렇지는 않겠지요. 부친만 믿고 따르겠다고 말한 그들은 실은 자신들의 무지몽매함을 요란하게 고백한 거나 마찬가지니까요.

두 사람이 동시에 길을 떠났습니다. 한 사람은 수레를 갖추고 마부의 도움을 받아 하루 만에 목적지에 도착했습니다. 다른 사람은 혼자서 이 길 저 길 탐색하다가 이틀이 걸려 도착했지요. 이 두 사람에게 똑같은 길을 다시 가게 하면 어떤 결과가 벌어질까요? 물론 다른 사람의 도움은 전혀 받을 수 없습니다. 아무래도 이번에는 전에 이틀 걸려 도착했던 사람이 먼저 목적지에 도달하겠지요. 그 사람은 여기저기 탐색하면서 길을 분명히 익혔던 반면 수레와 마부의 도움을 받았던 사람은 지나가기는 했으나 흡사 처음 보는 것 같은 낯선 길일테니까요. 그저 어리둥절할 뿐 제대로 된 길을 도무지 찾을 수 없을 것입니다.

이 두 이야기의 교훈은 명확합니다.
의심하고 질문하세요!
홀로 길을 찾으세요!

71

그대의 말대로 이 나라의 선생들은 제자가 묻는 것을 달갑지 않게 여깁니다. 그저 읽고 또 읽으면 저절로 문리가 트여 알게 될 것이라는 말만 만병통치약처럼 반복합니다. 나는 그렇게 생각하지 않습니다. 모르면 물어야 합니다. 묻고 또 물어서 올바른 답을 얻어내야 합니다.

몸이 아픈 자가 의원을 찾아 나섰다고 생각해보세요. 지친 나그네가 쉴 곳을 찾는다고 생각해보세요. 그들이 과연 사람들에게 묻는 것을 꺼리겠습니까? 몸은 죽도록 아파서 저절로 비명이 튀어나오는데 갈림길은 많고도 많아 도무지 어디로 가야 할지 모를 때, 쉬지도 않고 오랜 시간 걸었던 터라 발이 부르터서 더 이상은 한 걸음도 걸을 수 없는데 어디로 가야 잘 곳을 찾을 수 있을지 도무지 감도 안 잡힐 때, 이런 상황이라면 사람들에게 묻지 않겠습니까? 어린아이이건, 여인이건, 꼴 베는 촌부건 간에 가리지 않고 절박한 마음으로 매달려서 묻고 또 묻지 않겠습니까? 이것이 바로 꼴 베는 아이에게도 묻는다는 말의 유래입니다.

위나라 대부 공어孔圉는 죽은 뒤 문文이라는 시호를 받았습니다. 공자께서는 그 이유를 이렇게 설명하셨지요.

"명민해서 학문을 좋아했고, 아랫사람에게 물어보는 것을 부끄럽게 여기지 않았기 때문이다."

이것이 바로 불치하문不恥下問의 도입니다.

공자와 주자 또한 불치하문의 대가들이었음을 그대는 알아야 합니다.

72

두보의 시 중에 다음과 같은 구절이 있습니다.

노인이 새벽에 일어나 흰머리를 빗는데
현도의 도사가 찾아오는구나.

구양수歐陽脩는 이 구절에는 도무지 아무런 의미도 없다고 하면서 두보를 심히 비난했습니다. 나 또한 그동안에는 이 구절을 무심히 읽고 지나쳤는데 최근에야 비로소 의미를 깨달았습니다. 노인은 머리카락이 자주 빠지다 보니 늘 머리가 가렵기 마련입니다. 피부가 무뎌진 탓인지 손톱으로 긁어도 별로 시원하지도 않지요. 하지만 새벽에 일어나 참빗으로 머리를 빗으면 어찌나 시원한지 머리가 가벼워지고 눈이 상쾌해지는 느낌이 든답니다. 나는 팔십 노인이 되어서야 비로소 두보의 마음을 알게 되었습니다. 물론 머리가 검은 그대와는 하나도 관계없는 내용이지요. 하하.

◇◇ 추신 ◇◇

그대는 아무래도 나를 찾아오지 않는 게 좋겠습니다. 우정은 한때의 뜨거운 감정과는 다르다는 사실을 생각해보기 바랍니다.

73

❧ 그대의 당 사람들이 특히 꺼리는 백호 윤휴尹鑴는 일찍이 경연 자리에서 《논어論語》를 읽을 때 주자가 단 주는 그냥 넘겨도 된다고 말했으며, 그 자리에 함께 있었던 선친께서도 이에 동의를 표하셨습니다. 당시 서인의 영수였던 김석주金錫冑가 즉각 반발하고 나선 것은 당연한 일이었지요. 서인에게 주자는 오류가 전혀 없는 완벽한 성인이니까요. 그런 주자가 붙인 주를 외면한다는 것은 사문난적에 해당되는 죄를 저지르는 것이나 마찬가지였지요. 하지만 백호는 주자의 주는 과거 시험을 보는 이에게나 필요하다고 덧붙이고는 이어지는 김석주의 반발에는 눈 하나 깜짝하지 않았답니다.

내가 백호의 이름을 꺼내든 건 그대를 자극하기 위함이 아닙니다. 다른 사람은 몰라도 그대라면 이 백호라는 사람에 대해서 다시 생각해보리라 믿기 때문입니다. 그대들에게 사문난적으로 찍힌 백호는 사실 주자의 학문을 높이 평가했을 뿐 아니라 주자의 뜻을 누구보다도 제대로 따랐던 사람이었습니다.

주자는 경서를 주석할 때 자신의 의견만을 고집하지 않았습니다. 반드시 여러 사람들의 학설을 모아 절충한 뒤 비로소 결론을 내렸던 것입니다. 그렇게 한 뒤에도 만족하지 않았습니다. 그는 자신이 내린 결론을 가지고 문인들과 강습을 하고 또 자신의 머릿속으로 여러 번 생각해보았습니다. 혹시라도 설명이 투철하지 못하거나 견해가 아직 미흡하다고 여겨지는 부분이 있으면 이를 다시 수정하고 토론에 붙였고, 토론한 뒤에는 또다시 수정하는 일을 반복해서 했습니다. 심지어 주자는 초학자들의 말에도 귀를 기울였고 어리석은 이들의 망령된 질문에도 훈계하거나 화를 내지 않았습니다. 이런 까닭에 주자의 문인들은 스승에게 자유롭게 질문을 던질 수 있었고 그 과정에서 주자는 뜻밖의 통찰을 얻기도 하는 등 자신의 이론을 한층 더 단단하게 만들 수 있었답니다. 주자께서는 이렇게 말씀하셨지요.

"벗들과 변론하고 질문과 대답을 주고받은 뒤에야 전에 세웠던 내 이론에 온당치 않은 점이 있다는 것을 알게 되었다."

주자 스스로가 잘못을 고치기를 조금도 꺼리지 않았음을 알 수 있는 대목이지요. 그러므로 백호는 실은 주자의 뜻을 그 누구보다도 제대로 따랐던 사람이라고 내가 말하는 것입니다. 백호의 이름이 반복되어 심기가 조금은 불편하겠지만 그의 이름을 꺼내든 내 의도는 이만하면 충분히 읽었으리라 믿습니다.

그대 앞에는 두 가지 길이 있습니다. 주자는 성인이니 주자의 설을 조금도 의심하지 않고 그대로 따르는 것과 주자의 공부 방법을 존중하는 것, 즉 주자가 선배 학자들의 설에 대해 그러했듯 주자의 설도 의심하는 것이지요. 이 두 가지 길 중 그대는 어느 쪽을 골라서 가겠습니까? 과연 어느 쪽이 진정으로 주자를 높이는 것이겠습니까? 한번 생각해보기 바랍니다.

높고 큰 산은 흙덩이 하나도 사양하지 않는 법입니다.

큰 강과 바다는 작은 물줄기도 가리지 않고 받아들이는 법입니다.

스승을 의심하는 것이 무례한 일은 아니냐는 그대의 신중한 질문에는 이렇게 답하겠습니다.

우리는 흔히 선생을 스승이나 어른의 뜻으로 사용합니다. 그러나 내가 생각하기에 선생의 선先은 선지先知, 선각先覺, 즉 먼저 깨닫거나 이해했다는 뜻입니다. 달리 말하자면 어른이나 스승이 무조건 선생인 것이 아니라 비록 나이가 어리거나 가르침을 받는 자일지라도 먼저 깨닫거나 이해했으면 그 사람이 바로 선생이라는 뜻입니다. 깨달음의 입장에서 선생이라는 말을 사용하면 무례함의 문제는 자연스럽게 해결이 되지요.

그대와 나의 관계로 한정지어 말하면 우리는 벗으로 지내고 있지만 깨달음의 문제에 있어서는 내가 선생이 될 수도 있고 때로는 그대가 내 스승이 될 수도 있다는 것이지요. 그러니 다시 부탁합니다.

의심하고 질문하세요!

홀로 길을 찾으세요!

76

선생에 대한 해석이 달라졌으면 제자에 대한 해석도 바뀌어야 합니다. 그대의 당 사람들은 제자가 되어 스승의 설을 의심하거나 배척하는 것은 결코 있어서는 안 되는 패륜적인 일이라고들 말하지요. 하지만 백호는 이렇게 말했습니다.

"스승의 잘못을 바로잡는 것이 제자 된 도리다."

나 또한 백호의 말에 전적으로 동의합니다. 스승을 존경한다면 스승의 잘못을 그냥 넘겨서는 안 됩니다. 스승을 존경하는 마음이 너무나 큰 나머지 잘못을 보고도 그냥 넘어간다면 이는 스스로를 속이는 것이며, 스승을 섬기는 참된 도리가 아니지요!

나는 제자의 의미에 대해서도 다시 생각해봐야 한다고 여깁니다. 공자의 제자는 3,000명에 이르고 각별한 정을 나누었던 핵심 제자의 숫자만도 70명이라고들 합니다. 과연 그럴까요? 공자를 흠모하는 숫자가 그렇게 많았다면 공자는 우리가 아는 것보다 훨씬 더 좋은 대우를 받았겠지요. 퇴계의《문생록門生錄》에는 선생과 편지를 주고받은 이들의 이름까지 모두 다 기록되어 있습니다. 만약 그들 모두가 퇴계에게 가르침을 받았다면 영남의 학문은 말 그대로 찬란하게 빛이 났겠지요. 사실 나는 공자나 퇴계께서 과연 그들 모두를 제자로 여기셨을지 궁금합니다. 아마 그렇지는 않을 거라 짐작합니다. 진정한 제자는 처음부터 끝까지 스승의 가르침을 올바르게 따르고 계승한 이들입니다. 그들의 명성이나 재주는 고려의 대상이 아닙니다. 어쩌면 직접 가르침을 받은 것의 여부 또한 그리 중요한 문제는 아닐 수도 있지요!

그대도 알겠지만 여헌 장현광張顯光은 한강 정구鄭逑의 제자이자 조카사위였지요. 한강이 세상을 떠나자 제자를 자처한 이들은 앞다퉈 성복했으나 여헌은 그저 조용히 손을 받들어 곡을 했을 뿐입니다. 다른 제자들은 자신이 한강의 문하에 속한다는 사실을 보이기에 바빴으나 여헌은 오직 참된 마음 하나로 스승에게 예의를 표했던 것이지요. 누구누구의 제자라는 말을 입에 달고 다니기에 바쁜 요즈음의 세태에 비하면 참으로 아름다운 광경이 아닐 수 없습니다.

77

그대가 우암 송시열宋時烈의 맹렬한 기세가 드러나는 일화를 적어 보냈으니 나는 퇴계다운 부드러운 일화로 응대하려 합니다.

퇴계가 아는 이의 장례에 참석했을 때의 일이었습니다. 퇴계는 구석진 자리에 조용히 앉아 있었습니다. 그런데 젊은이 하나가 어디선가 나타나더니 손을 크게 휘둘러가며 사람들에게 할 일을 정해주면서 쉬지 않고 떠드는 것이 아니겠습니까? 보다 못한 한 노인이 나서서 말했지요.

"이 자리에 예를 알지 못하는 사람은 하나도 없는데 왜 그대가 나서서 요란을 떠는가?"

그랬더니 젊은이는 이렇게 답하는 것이었습니다.

"제가 살펴보니 예를 제대로 아는 사람이 하나도 없는 바, 혹시라도 절차가 잘못될까 봐 걱정이 되어서 나선 것입니다."

노인은 젊은이에게 조용한 목소리로 말했습니다.

"이 자리에 퇴계 선생이 계시느니라."

젊은이는 얼굴이 시뻘게져서는 자리에서 물러났지요.

우암이었다면 아마도 그 젊은이를 그냥 두고 보지는 않았겠지요. 하지만 퇴계는 그러했고 그것이 바로 퇴계다운 것이지요.

78

남명 조식曺植 선생에 대해서 물었으니 그저 이렇게만 말하겠습니다. 천 길 절벽의 기상을 지닌 이라고요. 선생의 시가 그 증거입니다.

일천 석의 종은
크게 치지 않으면 소리가 나지 않는다.
만고의 천왕봉은
하늘이 울려도 울리지 않는다.

그야말로 놀라운 역량과 기백이지요? 따뜻한 봄바람 같은 퇴계에 비할 수는 없겠으나 시를 읽으면서 마음이 저절로 담대해지는 기분이 드는 건 나만이 아닐 것입니다.

79

그대와 내가 존경하는 이가 서로 다르다고 우리의 우정에 금이 갈 이유는 전혀 없습니다.

그대도 알다시피 장식張栻은 명도 정호程顥 선생의 학설을 따랐고 주자는 이천 정이程頤 선생의 학설을 발전시켰지요. 그러므로 두 사람의 생각이 똑같았다고 할 수는 없습니다. 그럼에도 장식은 주자를 인정했고 주자 또한 장식을 존중했습니다. 장식이 주자에게 보낸 편지 중에 눈여겨볼 만한 내용이 나옵니다.

그대의 학술을 모두들 존경하는 까닭에 많은 이들이 그대의 밑으로 들어갔습니다. 하지만 그대는 경계가 심하고 말이 억세고 가끔씩 상대를 배척하는 기운이 있으므로 사람들이 궁금한 것을 제대로 물을 수 없다고 합니다. 이 점을 그대는 고쳐야겠지요.

장식의 편지를 통해 우리는 주자가 처음부터 불치하문을 즐겼던 건 아니라는 사실을 알 수 있습니다. 주자의 문제점을 꼬집어 적은 장식이 아니었다면 우리가 아는 주자는 존재하지 않았을 수도 있다는 뜻이지요. 그랬기에 장식이 세상을 떠난 후 주자는 이렇게 말씀하셨던 것이겠지요.

　　"그는 마음이 넓어서 사람들이 무슨 말을 해도 다 들어 주었다. 성질이 편협한 나에게 깨우쳐주는 바가 참 많았다."

◇◇ 추신 ◇◇

그대가 보낸 귀한 닭은 잘 받았습니다. 제사상에 올리도록 하겠습니다.

80

그대가 써서 보낸 '이택麗澤'이란 글씨가 참 좋습니다. 귀한 종이가 아니어서 더욱 좋고 글씨의 크기가 크지 않아서 더욱 좋습니다. 우리가 나눈 이야기를 잊지 않고 있다는 입증이니 더더욱 좋습니다.

그대 말대로 벗이 있기에 학문의 연못은 결코 마르지 않을 것입니다. 두 연못 중 하나가 마르면 옆 연못에서 물을 받으면 되니까요.

그대가 보낸 이 글씨, 오래 간직하겠습니다.

◇◇**추신**◇◇

간혹 정신이 맑은 날이면 동네 아이들을 붙잡고 가르칩니다. 내가 온 힘을 다해 가르치면 아이들 또한 유창하게 글을 읽습니다. 그런데 조금이라도 다른 생각이 끼어들면 아이들은 엉망진창으로 글을 읽지요. 뜻과 정성이 사물에 감응하는 바가 이렇듯 무섭습니다!

81

그대 말대로 사문난적은 학문하는 사람들이 아니라 정치가들이 만들어낸 것입니다. 학자가 해야 할 일은 하지도 않으면서 세도와 의리만 꼬치꼬치 따지는 이들이 창안해낸 것이지요. 마치 그물을 펼쳐놓고 칼과 톱을 들고서 자신과 다른 이론을 제기하는 사람들이 걸려들기만을 기다리는 꼴이지요. 그물을 놓은 이들이 제대로 공부한 이라면 또 모르겠습니다만 현실의 그들은 뼈와 살이 정확히 어디에 붙어 있는지도 알지 못합니다. 진정한 유자라고 자처하는 이들은 소의 털처럼 많은데 진정으로 경서를 공부한 사람은 기린의 뿔처럼 드물기만 한 세상입니다.

예전에는 학문의 분위기가 지금 같지 않았습니다. 그대들이 떠받드는 율곡은 《성학집요聖學輯要》를 통해 《중용장구》에 오류가 있다고 말한 바 있고 희재 이언적李彦迪은 《대학장구大學章句》의 내용을 바꾼 책을 직접 저술하기도 했습니다. 율곡과 희재의 책은 아무 문제 없이 간행되었으며 경연에서 다뤄지기도 했지요. 그대들의 논리에 따르면 율곡 또한 주자를 모욕한 사문난적인데 과문한 탓인지 율곡이 사문난적이라는 말은 여태 들어본 적이 없습니다!

82

요즈음엔 역사서도 함께 읽고 있군요. 경서를 읽는 중간중간에 역사서를 읽는 것은 나쁘지 않다고 봅니다.

나는 역사서를 읽을 때마다 늘 고개를 갸웃거리게 됩니다. 왜 그런가 하면 착한 쪽은 늘 착하고 나쁜 쪽은 늘 나쁘기 때문입니다. 책 속의 인물들이 살아서 활동하던 시절 그들의 삶은 과연 그랬을까요? 착한 사람은 줄곧 선행만 했고 나쁜 사람은 줄곧 악행만 했을까요? 그렇지는 않겠지요. 선을 권장하고 악을 경계하다 보니 어쩔 수 없이 선한 사람의 선과 악한 사람의 악만 더 강조하게 되었을 겁니다.

현실을 사는 우리는 잘 알고 있지요. 선 가운데에도 악이 있고, 악 가운데에도 선이 있다는 사실을 말입니다. 이러한 선과 악의 결말이 어떻게 날지 우리는 잘 모릅니다. 현실은 진행형이라 완결형인 역사서와는 다르니까요!

그대가 역사서를 읽을 때 이 점 하나만큼은 반드시 주의를 해야 합니다.

팔십 노인이 되니 전에 외웠던 경서의 구절들이 잘 생각나지 않습니다. 밤중에 일부가 문득 생각나기도 하지만 몇 글자는 도무지 떠오르지를 않습니다. 아, 이 몸이 세상에 오래 살아 있을 수 없는 조짐인가 봅니다.

83

그대가 정문일침을 원했기에 오래간만에 글씨를 써보았으니 바로 '묘계질서妙契疾書'입니다. 절묘하게 부합되는 것이 찾아오면 서둘러 써놓으라는 것이지요. 서두르지 않으면 깨달음은 아침 이슬처럼 사라지거나 다람쥐처럼 달아나버립니다!

그대도 알겠지만 깨달음은 시공을 가리지 않습니다. 낮에도, 밤에도, 이른 새벽에도 찾아오며, 책을 막 펼쳤을 때, 밥을 먹을 때, 뒷간에 있을 때, 벗과 담소를 나눌 때, 길을 걸을 때 등 언제 어디서든 찾아옵니다. 장횡거張橫渠는 잠자는 곳에 붓과 벼루를 준비해놓고는 깨달음의 순간에 대비했다지요. 한밤중에 자리에서 일어나 빠르게 글을 써내려가는 장횡거의 모습이 눈에 보일 듯합니다.

나 또한 책을 읽다가 의심이 나는 곳에는 표시를 해두었다가 깨달음이 오면 표시해둔 곳에 급히 내용을 적습니다. 날로 기억력이 떨어지는 팔십 노인에게 이보다 더 좋은 방법은 없지요. 그대같이 영민한 젊은이에게는 불필요한 일일 수도 있겠지만 사람의 기억력이 신뢰하기에는 조금 부족한 친구라는 사실은 늘 염두에 두는 것이 좋습니다.

◈◈ 추신 ◈◈

나의 오랜 벗 안정복安鼎福의 서재엔 궤짝 두 개가 있다고 합니다. 왼쪽 궤짝은 초서롱이며, 오른쪽 궤짝은 저서롱입니다. 남의 책에서 베낀 것은 초서롱에, 자신이 쓴 글은 저서롱에 넣어둔다고 합니다. 정리에 서툴다고 고백한 그대가 참조할 만합니다.

84

최근에 이런 이야기를 들었습니다.

젊은 시절 과거에 여러 차례 응시했으나 급제하지 못한 이가 있었습니다. 그이는 과거에 대한 꿈을 접고 음사蔭仕로 벼슬자리를 얻었습니다. 음사로 얻은 자리가 그렇듯 미관말직이었기에 이름을 드높이기는 불가능했지요. 이에 크게 절망한 그이는 병에 걸려 벼슬을 그만두고 집으로 돌아왔습니다.

그런데 집 안에서 그이가 하는 행동이 좀 이상했습니다. 방 안에서 하는 일이라고는 벽을 보면서 하하 웃는 게 전부였습니다. 왜 그러느냐고 물어도 그이는 아무 말도 하지 않았지요. 보다 못한 자식들이 의원을 불렀습니다. 의원이 찾아와 이유를 묻자 그이는 이렇게 말했습니다.

"내 정신은 말짱하니 염려하지 마시오. 내가 웃는 데에는 다 이유가 있소. 과거에 급제하는 게 내 평생의 꿈이었으나 이루지 못했소. 음사로 나아가 이름을 날리기를 바랐으나 이 또한 헛된 야망이었소. 내 신세를 돌아보니 참으로 한심해서, 그래서 웃는 것이오."

우스갯소리에 가깝지만 죽을 때까지 헛된 명성에만 매달리는 이들보다는 나은 점이 있지요. 게다가 하하 웃는 그 모습이 어딘가 달관한 것 같기도 합니다.

한동안 자리에 누웠다가 일어나 보니 세상이 달리 보입니다. 내가 살아왔던 삶이 달리 보입니다. 어쩌면 오늘 하루는 나 또한 하하 웃으며 지내야 할지도 모르겠습니다.

85

오래전에 썼던 시 한 편이 문득 머리에 떠올랐습니다.

> 세상에 여한 없는 일이야 없지만
> 학문을 못 이루고 죽는 것만한 일은 없으리.
> 수십 년 계속 닦아온 공부
> 티끌로 사라진다.

오랜 벗들은 내 학문에 폐단이 있다고 말하곤 했습니다. 그 이유를 나는 잘 알고 있습니다. 사람들이 정해놓은 틀을 따르지 않기 때문입니다. 하지만 어쩔 수 없지요. 나는 그렇게 살았으니까요. 남들이 알아주기를 애써 구하지 않았습니다. 비방을 무릅쓰고 오로지 올바른 것을 찾아 높은 산과 험한 계곡을 헤맸습니다. 남들이

가지 않았던 길을 가느라 때론 몹시 힘이 들었지만 결코 후회하지
는 않습니다!

86

금강산 바위 위에서 벼락 맞아 죽은 오동나무가 있었답니다. 나사 이숙李潚이 우연히 이를 얻어서 셋째 형님인 옥동공玉洞公에게 보내주었습니다. 옥동공은 이 오동나무로 거문고를 만들어 봉래금이라는 이름을 붙였습니다.

옥동공은 거문고 연주를 즐겼습니다. 옥동공이 현을 퉁기면 난초 향이 방 안에 가득 퍼졌습니다. 옥동공의 방에는 나사가 그려서 보낸 난초 병풍도 있어서 향을 더해주었지요.

오늘은 옥동공의 기일입니다. 둘째 형님의 참혹한 죽음에 함께 분개하고 울던 일이 어제 같은데 옥동공이 세상을 떠난 지도 벌써 20년이 훨씬 넘었습니다. 옥동공의 거문고를 옆에 놓고 빌어봅니다. 부디 내 방문을 열고 안으로 들어오셔서 아름다운 거문고 연주로 내 꽉 막힌 눈과 귀를 열어주시기를 빌고 또 빌어봅니다.

그대도 알다시피 둘째 형님은 희빈 장씨의 아들인 동궁을 보호해야 하고 그대 당 사람인 김춘택金春澤 같은 악인들을 처벌해야 한다는 상소를 올렸다가 화를 당했습니다. 승지 김홍정金弘楨 등은 상소문 중 '좌우전후에서 동궁에게 칼날을 겨눈다'라는 말을 끄집어내어 임금을 화나게 했지요. 임금의 친국에도 둘째 형님은 뜻을 바꾸지 않았습니다. 동궁을 위해서라면 죽어도 여한이 없다고 말해 오히려 임금의 진노를 돋우었습니다. 결국 둘째 형님은 친국 도중에 세상을 떠났지요. 그 당시 흰 무지개가 해를 범하는 이변이 일어났다고 합니다.

둘째 형님이 세상을 떠난 후 책상을 뒤적이다가 형님이 직접 쓴 글을 발견했습니다.

끓는 물과 뜨거운 불 속에 뛰어들면서도 방향을 돌리지 않는 자는 이익에 현혹된 것이 아니면 의리에 격발된 자다. 죽고 사는 것이 의로우냐 의롭지 않으냐에 따라 군자와 소인이 판가름 나는 법이다.

아, 나는 모르겠습니다. 선한 사람에게 복을 내리고 악한 사람에게 화를 내린다는 격언이 지켜지지 않은 지 이미 오래되었습니다. 이치와 덕에 어긋나는 행동을 하고도 복을 누리고 장수를 하는 이들이 있으니 도대체 왜 그런 것입니까? 같은 부모에게서 태어난 친형제 중에 한 사람은 선하고 한 사람은 선하지 않은데, 선한 사람은 고난이 많고 선하지 않은 사람이 도리어 나은 삶을 사는 것은 또 무슨 까닭입니까? 아, 나는 정말로 모르겠습니다.

군자는 어려운 일을 먼저 감당하는 사람이어야 합니다. 수고에 어울리는 보답 따위는 생각하지 말아야 합니다. 그러나 막상 이익과 손해가 눈앞에 오고 가면 다들 그것을 잊기 마련이지요.

이 편지 또한 부치지 말아야겠습니다. 몸이 약해지니 자꾸 먼저 떠난 이들이 생각납니다. 어쩌면 나는 그대의 당 사람들을 아직 완전히 용서하지는 못했는지도 모르겠습니다.

아, 아무래도 그대에게 토로할 만한 마음은 아닌 것 같습니다. 어느덧 그대에게 점점 많은 것을 바라는 내 모습을 보게 됩니다.

이 편지는 찢어 없애겠습니다.

오늘은 뒷산에 올라가 보았습니다. 산이라고는 했지만 쉬엄쉬엄 걸으면 이내 정상에 도달할 수 있는 작은 언덕이지요. 그래도 언덕은 언덕이어서 내가 살아온 마을이 한눈에 들어오더군요. 내가 살아왔던 세월들이 눈앞으로 느리게 지나가더군요. 나는 언덕을 거닐다가 멈추고, 다시 거닐기를 반복하면서 시간을 보냈습니다. 마침내 달이 훤하게 뜨자 나도 함께 두둥실 떠올랐습니다. 하늘에서 내려다본 세상은 참 좋더군요. 하늘 아래로는 어디나 넓은 길이더군요.

이 편지를 받는 즉시 그대도 방 안에서 나와 달빛을 바라보기 바랍니다. 눈 밝은 그대라면 달 아래로 지나가는 늙은 내 몸뚱이를 분명 볼 수 있을 테니까요.

어제 돌아와 누운 후에 이상한 꿈을 꾸었습니다. 목이 길고 흰 병이 내 앞에 있었습니다. 온통 푸른 병에는 구멍도 몇 개 뚫려 있었지요. 한참 병을 감상하고 있는데 갑자기 그 병이 푸른 학으로 변하더니 하늘로 날아오르는 게 아니겠습니까? 병을 보고 있던 나도 하늘로 날아올랐습니다. 하도 빠르게 날아올라서 어깨에 날개가 돋은 것 같았고 엉덩이가 바퀴로 변한 것 같았지요. 한동안 하늘을 날다가 문득 눈을 뜨니 캄캄한 방 안이었습니다. 아무래도 어제의 엉뚱한 상상이 꿈으로 이어진 것 같습니다.

아침에 몸을 일으키다가 어지럼증이 찾아와 하마터면 벽에 머리를 부딪칠 뻔했습니다. 나이를 먹으니 어제와 오늘이 또 다릅니다. 어지럼증이 좀처럼 가시지 않아 몸을 벽에 기대고는 눈을 감았습니다. 눈도 더 나빠져서 안경이 소용없게 되었고 귀가 어두워 대화를 주고받기도 쉽지가 않습니다. 나라는 사람의 7할은 이미 귀신이 되었고 남은 3할만 사람일 뿐입니다!

89

팔십 노인이 되고 보니 공부란 결국은 생각하고 또 생각하는 일일 뿐이라는 사실을 절감합니다. 《관자管子》에는 생각하고 또 생각해도 통하지 못하면 귀신이 통하게 해줄 것이라는 구절이 있습니다. 실제로 귀신이 통하게 해줄 리야 있겠습니까? 생각하고 또 생각한 후 홀연히 깨닫는 것, 그 놀랍고 아름다운 경지를 귀신이라는 말로 표현한 것이겠지요!

◇◇ 추신 ◇◇

얼마 전 일가의 젊은이가 찾아왔기에 요즈음 무슨 책을 읽느냐고 물었더니 이런 답이 돌아왔습니다.

"《상서尚書》를 읽고 있기는 하나 일들이 많아서 제대로 파고들지는 못하고 있습니다."

그래서 이렇게 말해주었지요.

"몸이 한가하고 일이 없을 때를 기다려 독서한다면 죽는 날까지도 그 때라는 것을 찾을 수 없을 것이다."

그대 또한 한동안 앓아누웠었다는 말은 왜 하지 않았습니까? 젊은 사람치고는 그대의 안색이 좋지 않았고 그대의 몸은 수양버들을 닮아 쉽사리 휘청거렸다는 것을 나는 잘 기억하고 있습니다. 부탁 하나 하겠습니다. 전부터 나는 그대 이름에 들어 있는 글자 하나가 마음에 들지 않았습니다. 이름을 바꾸세요. 그대에게 좋은 이름을 심사숙고해서 골라 보내니 꼭 이름을 바꾸기 바랍니다!

오늘은 걸객 한 명이 찾아와 문을 열고 들어서서는 구걸을 했습니다. 여종을 시켜 쌀 한 대접을 주었는데도 걸객은 돌아가지 않고 나를 찾았습니다. 오고 가는 정황으로 보아 받은 것이 양에 차지 않는 모양이었지요. 나는 방문을 열고 밖으로 나와 걸객에게 사과를 했습니다. 가난한 탓에 넉넉하게 주지 못하는 것에 대해 미안하게 여긴다고 말하고는 술 한 잔을 대접했습니다. 나는 문밖에까지 따라 나가 걸객을 배웅했습니다.

멀어져가는 걸객의 뒷모습을 보니 수십 년 전의 일이 문득 생각났습니다. 몹시 추운 겨울날이었는데 옷도 제대로 입지 않은 걸인이 남의 집 대문 앞에 쭈그리고 앉아 있더군요. 다가가보니 걸인은 장님이었습니다. 걸인은 내가 다가선 것도 모른 채 하늘을 향해 통곡을 했습니다.

"제발 나를 죽여주세요. 이렇게 사느니 죽는 게 낫겠습니다."

그 목소리가 너무도 비참해 나는 발걸음조차 옮길 수 없었습니다. 수십 년 전의 일이지만 다시 생각하니 또다시 눈물이 나려 합니다.

◇◇ 추신 ◇◇

이름을 바꾸기는 어렵다는 그대의 뜻을 받아들이겠습니다. 아무리 이름을 바꾸어도 사람은 그대로이니 도리를 다하며 살아갈 뿐이라는 문장을 읽고서야 내가 얼마나 어리석은 요구를 했는지를 깨달았습니다. 그대가 나에게 귀한 가르침을 선사하는군요. 역시 그대는 나의 좋은 벗입니다.

92

부지런히 정사를 펼치는데도 백성이 호응하지 않아 괴롭다는 벼슬아치들이 많아도 너무 많습니다. 그들은 그들대로 답답하겠지만 지켜보는 나는 더 답답합니다. 백성이 호응하지 않는 이유는 오직 하나입니다. 진실한 덕에서 나오는 진실한 행동이 아니기 때문이지요. 《맹자》에는 덕이 빠르게 흐르는 것이 파발마 바꿔 타고 왕명을 전달하는 것보다 더 빠르다는 구절이 있습니다.

진실한 덕은 먹물 한 방울, 향 한 조각과 똑같습니다. 물을 가득 담은 그릇에 먹물 한 방울을 떨어뜨려보세요. 그릇은 순식간에 검어집니다. 고요한 방 안에서 향 조각을 피워보세요. 방 안은 순식간에 향기로 가득 찹니다. 진실한 덕의 위력은 이렇듯 놀랍습니다.

《중용中庸》에는 사람의 도道는 어진 정사를 펼쳐 백성이 따르도록 하는 데 민첩하고, 땅의 도는 나무를 잘 자라게 하는 데 민첩하다는 구절이 있습니다. 올바른 때에 비를 내려 나무를 자라게 하는 것이 바로 땅의 도겠지요. 잎과 가지가 마른 나무가 있다고 칩시다. 서둘러 물을 공급해도 이미 늦습니다. 그 뿌리는 이미 한참 전에 말라서 죽을 지경에 이르렀기 때문입니다. 사람의 도 또한 마찬가지입니다. 백성들이 더 이상 못 살겠다고 하면서 반란을 일으켰을 때 손을 쓰려고 한다면 이미 늦어도 한참 늦은 것입니다. 아우성이 나오기 전에 미리 손을 써야 했던 것이지요. 이것이 바로 도와 민첩함에 대한 교훈이니 벼슬아치들은 반드시 새겨들어야만 합니다.

◇◇ 추신 ◇◇

그대에게 내가 쓴 《곽우록藿憂錄》을 보냅니다. 말 그대로 콩을 먹는 사람이 하는 걱정을 모은 기록이라는 뜻이지요 이 책엔 내가 틈틈이 생각한, 이 나라를 위한 여러 계책들이 실려 있습니다. 당장 시행되리라 기대하지는 않습니다만 언젠가 시행이 되면 이 나라의 평범한 남편과 아내의 삶이 지금보다는 훨씬 좋아지리라 믿습니다. 베낀 후 돌려주기 바랍니다. 그대가 나를 방문할 필요는 없다는 것을 다시 한번 말하겠습니다.

93

그대의 말대로 《시경》에는 새와 짐승과 풀과 나무의 이름이 참 많이 나오지요. 내가 세어봤더니 〈주남周南〉과 〈소남召南〉의 시들에만 마흔두 개의 이름이 나오더군요!

맹자는 사람에게 어질게 대한 후에 생물을 사랑하는 것이라고 했습니다. 사람은 우리의 동포이며 생물은 우리와 함께 사는 존재입니다. 새와 짐승에게 지각의 마음이 있는 것은 사람과 같지만 의리의 마음은 없습니다. 풀과 나무가 생장하는 마음을 갖고 있는 것은 사람과 새와 짐승과 같지만 지각의 마음은 없습니다. 오직 사람만이 이 세 가지 마음을 다 갖추고 있기에 만물의 주인 노릇을 하는 것이지요.

그렇다고 새와 짐승과 풀과 나무를 함부로 대해서는 안 됩니다. 사람이 가진 세 가지 마음은 하늘과 땅이 우리에게 부여한 것입니다. 새와 짐승과 풀과 나무가 하늘과 땅 사이에서 사람과 함께 자라나는 것은 똑같습니다. 부여받은 바가 온전하거나 부족하거나 하는 사소한 차이만이 있을 뿐입니다. 그러므로 우리는 생명을 지닌 존재들에게 올바른 도리로써 대해야만 합니다.

도리를 다하려면 이름을 잊어서는 안 되겠지요. 내가 사랑하는 가족의 숫자가 아무리 많아도 그들의 이름을 모두 기억하고 있는 원리와 똑같습니다. 이것이 바로 《시경》에 생물의 이름이 유독 많이 나오는 이유랍니다!

94

맹자는 만물이 모두 나에게 갖추어져 있다고 말씀하셨습니다. 나는 이보다 아름다운 구절을 읽은 적이 없습니다. 새와 짐승과 풀과 나무를 포함해 하늘과 땅 사이에 있는 모든 것이 다 물物인데 진정으로 어진 사람은 이 모든 것을 다 하나로 보아 자신에게 귀속시킨다는 것입니다. 그러므로 헤아릴 수 없이 많은 백성은 다 나의 백성이고, 오랑캐 또한 나의 오랑캐이고, 새와 짐승과 풀과 나무도 나의 새와 짐승과 풀과 나무라는 것입니다!

나라는 존재는 만물의 상대이지요. 비록 나와 만물의 모습이 달라도 내가 만물을 감싸주고 사랑하면 만물이 내 마음에 빠짐없이 갖춰져 부족함이 없는 상태가 되는 것이지요! 만물이 모두 나에게 갖추어져 있으니 우리의 할 일은 실로 간단합니다. 나를 아끼는 그 마음으로 만물에게 행하면 우리는 모두 어진 이가 될 것입니다!

95

나는 그대에게 세 가지 거짓말을 했습니다.

첫째는 맹휴의 죽음에 대한 것입니다. 이미 오랜 세월이 지났건 만 나는 단 하루도 편안히 먹고 편안히 잠을 청한 적이 없습니다.

둘째는 선친과 둘째 형님의 죽음에 대한 것입니다. 나는 애써 당에 초연한 척했지만 이 또한 사실은 아닙니다. 내 마음에는 그대 당 사람들에 대한 증오가 아직도 남아 있습니다. 해마다 조금씩 버리기는 했으나 아직도 다 버리지는 못한 까닭에 일부는 여전히 내 마음의 호주머니에 존재합니다. 그러므로 나는 그대 당 사람들을 완전히 용서하지는 못한 것입니다.

셋째는 그대와의 만남에 대한 것입니다. 아무래도 나는 그대의 얼굴을 죽기 전에 한 번 더 봐야겠습니다. 결심을 쉽게 바꾸는 건 전형적인 소인의 행동이지만 벗에게 약점을 보인 게 꼭 부끄럽지만은 않습니다.

　내일 오후에 삼두회를 열 예정입니다. 그대도 꼭 참석해서 이 팔십 노인의 황폐한 마음에 기쁨을 주기 바랍니다!

96

삼두회의 음식이 입맛에 맞았는지 모르겠습니다. 그대 얼굴에 웃음이 가득했던 건 사실이지만 그 웃음이 곧 맛을 보증하는 것이라고 결론을 내릴 수는 없을 테니까요!

어제는 무척 놀랐습니다. 그대가 올 줄은 알았지만 그대의 작은 형님과 함께 올 줄은 몰랐으니까요. 그대와 작은 형님을 본 순간 다른 참석자들의 얼굴이 잠깐 얼어붙었던 무례는 용서를 해주기 바랍니다. 다른 당 사람이, 그것도 현직에 있는 이가 모임에 참여한 건 삼두회를 시작한 이래 처음 있는 일이었으니까요!

참석해준 보답으로 그대에게 나무 술잔을 하나 보냅니다. 오래된 나무 옹두리로 만든 술잔이라 볼품은 없습니다. 그래도 이 술잔에 장점이 하나 있으니 그건 아무도 탐을 내지 않는 물건이라는 것입니다. 막상 글로 적어놓고 보니 장점이라기보다는 단점 같군요!

이 술잔을 얻게 된 사연을 밝히는 게 좋겠습니다. 선친은 시와 노래를 좋아하는 분이었습니다. 나와는 달리 술자리도 제법 즐기던 분이었습니다. 그런 까닭에 사람들은 좋은 술잔이 있으면 선친에게 선물하곤 했지요. 선친이 세상을 떠나자 술잔은 유품으로 남아 나무함 속에서 오랜 세월을 보냈습니다.

내가 술을 아는 나이가 되자 둘째 형님은―큰 형님은 내가 태어나기도 전에 세상을 떠나셨으니 둘째 형님이 내게는 큰 형님이나 마찬가지입니다―간소한 술자리를 연 후 선친의 술잔을 꺼내서 늘어놓았습니다. 각자 마음에 드는 것을 선택해 보관하자는 것이었습니다. 둘째 형님은 나에게 첫 번째 선택권을 주었습니다. 우리 집안은 사치와는 거리가 멀었지만 선친의 술잔만큼은 그렇지 않았습니다. 선물로 받았다고는 하나 옥으로 만든 잔, 유리로 만든 잔, 심지어는 자개 조각을 붙인 잔도 있었습니다. 나는 잠깐 고민하다가 나무 옹두리로 만든 술잔을 골랐습니다. 화려한 술잔들이 탐나지 않았다고 하면 거짓말이겠지요. 하지만 왠지 그것들은 나와는 잘 맞지 않는다는 느낌이 들었습니다.

그로부터 꽤 오랜 세월이 지난 지금 우리 집안에 남아 있는 선친의 술잔은 내가 보관한 나무 옹두리로 만든 술잔밖에는 없습니다. 형님들이 선택했던 술잔이 언제 어떻게 사라졌는지는 아무도 모른답니다. 진귀한 물건은 오래가지 못한다는 옛말이 그르지 않다는 사실을 깨닫게 되었을 뿐이지요.

젊은 그대에게는 낡고 평범한 물건일 수 있겠으나 그대의 진심을 나는 충분히 알고 보았기에 믿고 보냅니다. 부디 잘 보관해주시기 바랍니다!

◇◇추신◇◇

어제 그대의 얼굴에서 내 선친과 형님과 아들의 모습을 보았습니다. 그럴 리 없다고 생각했지만 그래도 내 눈에 보이는 건 분명 그들의 모습이었습니다. 그대 앞에서 하마터면 주책없이 눈물을 흘릴 뻔했던 이유입니다.

이제야말로 그대를 다시 볼 수는 없을 테니 이 말 한마디만은 꼭 하고 싶습니다.

그대가 어느 당 사람이건 간에

그대는 나의 좋은 벗이었으며,

좋은 벗이며,

앞으로도 좋은 벗일 것입니다!

아무리 공부를 해도 제자리걸음인 것 같은 사람들에게

– 의심하고 또 의심하라

'책에 그렇게 나와 있으니까', '성인의 말씀이니까' 하고 무조건 외우고 떠받들기만 해서는 발전할 수가 없다. 내가 알고 있던 세계가 완전히 무너질 것을 각오하고 스스로 깨닫기 위해 애써야 한다.

– 잘못을 바로잡는 것을 두려워하지 마라

그토록 뛰어난 유학자인 주자도 경서를 공부할 때 자신의 의견만 고집하지 않았다. 여러 사람과 충분히 토론하고 고민하면서 생각을 다듬어 나갔다. 내 생각도 틀릴 수 있다는 것을 염두에 두어야 한다.

– 마음을 다해 도리를 실천하면 세상이 호응할 것이다

남들이 알아주기를 바라지 마라. 마음을 다해 공부하고 깨우침을 일상 속에서 실천한다면 자연스럽게 그 뜻이 널리 퍼질 것이다. 먹물 한 방울만 떨어뜨려도 물이 검어지는 것과 같은 이치다.

작가의 말

성호 이익의 삶을 말하면서 당쟁을 빼놓을 수는 없다. 이익의 아버지 이하진李夏鎭은 서인과의 당권 경쟁에서 패배한 후 유배지에서 사망했다. 이익이 태어난 다음 해의 일이었다. 둘째 형 이잠李潛은 당시 왕세자였던 경종景宗을 보호해야 한다는 상소를 올렸다가 매를 맞고 죽었다. 이때 이익은 20대 중반이었다. 이 일을 계기로 이익은 입신양명의 꿈을 완전히 포기한 채 시골에 칩거하는 생활을 하게 되었으니 그의 마음에 불같은 분노가 자리하고 있다고 해도 이상한 일은 전혀 아니다.

그러나 그의 글에서 뜨거운 분노를 찾아보기는 쉽지 않다. 오히려 눈에 가장 자주 들어오는 건 분노가 아닌 그의 따뜻한 마음이다. 옛글 읽기를 좋아하는 고루한 습관 탓에 이 책 저 책 많이도 뒤적거려 보았지만 이익만큼 살아 있는 존재를 진심으로 사랑하고 아끼고 안타까워하는 이는 보지 못했다. 그가 사랑하고 아끼고 안타까워하는 존재는 다양하다. 지렁이, 벌, 파리, 닭 등의 미물은 물론이고 거지, 노비, 유랑민 같은 사회에서 외면당하는 이들까지 모두 포함한다. 그의 글이 더욱 값진 것은 그 안에 담긴 이익의 사랑이 책상에서 나온 이론적인 것이 아니라는 데에 있다. 병아리가 똥을 잘 쌀 수 있도록 엉덩이 털을 깎아준 사람이 바로 이익이며, 벌이 쾌적한 환경에서 지낼 수 있도록 화살로 귀뚜라미를 쫓아낸 사람이 바로 이익이며, 죽고 싶다고 외치는 거지를 보며 함께 눈물 흘렸던 사람이 바로 이익이며, 죽은 노비를 위한 제사를 지내준 사람이 바로 이익이었다. 그는 몽골에 항복하지 않고 강화도로 들어가 버틴 최우와 병자호란 당시 남한산성에서 항거한 조정을 모두 비판했다. 그 이유는 단 하나, 지도자의 명분만을 위한 행동들 때문에 수많은 백성들이 고초를 겪었기 때문이었다.

이런 이익의 모습에서 나는 자연스럽게 '관용'이라는 단어를 떠올렸다. 관용은 남의 잘못을 너그럽게 받아들이거나 용서한다는 뜻으로 더 나아가서는 자신과 다른 타인도 이해하려는 넓은 마음을 포함한다. 포용과 비슷한 뜻이기는 하나 용서의 의미가 들어 있다는 것이 조금 다르다. 그 또한 사람이었기에 아버지와 둘째 형을 죽음으로 몰아넣었던 현실에 분명 분노했을 것이다. 그러나 그의 글은 이익의 삶이 분노로 가득 찬 삶이 아니라 포용의 삶이었음을 보여준다. 즉 거룩한 분노보다는 따뜻한 관용이 이익의 평생을 관통하는 기조였다.

물론 이익이 완벽한 인간이었다고 말하려는 것은 아니다. 이익은 여자를 남자의 부속물처럼 취급했고, 화폐 사용에 반대했으며, 상업 발전에는 거의 관심을 두지 않았다. 그러나 이는 이익의 잘못이라기보다는 시대의 한계를 완전히 넘어서지는 못했다고 보는 것이 더 맞을 듯하다. 그렇더라도 스스로를 밥벌레 내지 한 마리 쓸모없는 좀으로 인식하는 선비는 그리 많지 않다. 굶어 죽는 이들을 생각하며 자신이 먹는 밥의 양을 줄이거나 콩죽으로 대신하는 선비는 더더욱 많지 않다. 이익 같은 이들이 조금만 더 많았다면 조선 후기의 역사는 다른 방향으로 향했을지도 모를 일이다.

　옛글을 읽으면서 감동을 받는 일은 생각보다 많지 않다. 그러나 나는 이익의 글을 읽는 도중에 자꾸만 책장을 덮고 먼 산을 바라보곤 했다. 어떤 글이 진심에서 우러나온 것인지 아닌지 가장 잘 아는 사람은 독자다. 내게 이익은 진심으로 글을 쓰는 사람이었다. 이 짧고 허술한 책이 이익의 진면목을 제대로 드러내리라고는 생각하지 않는다. 늘 그랬듯 이 책을 읽고 더 많은 이들이 이익에게 관심을 갖게 되었으면 하는 것이 내 유일한 소망일뿐이다.

설흔

성호 이익 연보

1681년   부친 이하진의 유배지인 평안도 운산에서 출생.

1682년   부친 사망. 모친 권씨와 함께 고향으로 돌아옴.

1705년   증광시 초시에 응시했으나 이름이 잘못되었다는 이유로 탈락함.

1706년   둘째 형 이잠 사망. 벼슬에 나아갈 뜻을 접고 과거 공부를 그만둠.

1713년   아들 맹휴 출생.

1715년   모친 사망.

1727년   선공감 가감역에 제수되었으나 나아가지 않음.

1742년   아들 맹휴 장원 급제함.

1746년   순암 안정복과 첫 만남.

1751년   아들 맹휴 사망.

1763년   나라에서 노인을 우대하는 은전을 베풀어 첨지중추부사에 제수됨.

1763년   83세의 나이로 서거.